気づかいの壁

體貼是練出來的

川原禮子 — 著

陳靖涵 — 譯

如何比別人更周到，
搶先看見大家的需要？

「那、那個人好像很困擾？」
難得你注意到了這一點……

轟隆轟隆……

卻擔心「如果我多管閒事了該怎麼辦……？」

給自己「他應該不會有問題吧……！」的藉口。

這種「內心的高牆」是不是也曾經擋在你的面前？

你明明都有注意到，實在是太可惜了！
這種時候，我們是不是可以改用下列的方式來思考？

「以前我遇到困擾時，
有人來問我需不需要幫忙，我覺得很開心……
好，下次我也要試著去問別人。」

嘗試用這樣的方式在「一秒」之內作出判斷。

假設你看到有個沒見過的人，
在公司的門口晃來晃去。
你會怎麼做？

❶大概不會注意到
❷立刻問他需不需要幫忙
❸有注意到他，但不會特別做什麼

像❶那樣，
只覺得「這裡是入口耶，這人很擋路……」的人，不在這次討論的範圍內！
不過現實中確實有這種「遲鈍的人」……
另外也有像❷那樣能夠馬上向前搭話，很有行動力的人，眞的非常優秀。

估計有很多人是選❸吧？

既然你會注意到「他是不是遇到困擾了？」

代表你有**「體貼的特質」**。

只是你很可能會幫自己找藉口，

心想「算了，反正一定會有其他人去幫他……」

所以偷偷地**「假裝沒注意到」**。

這會讓對方覺得

「那個人眞不懂得察言觀色……」

所以被認為和❶一樣遲鈍的人也是無可奈何的事。

不過，既然你是個**「會察言觀色的人」**，
難道不會想活用那個特質，
變成**「貼心」**的人嗎？

體貼這件事上有所謂的「高牆」存在。

詳細內容我會在正文中做說明，
但重點在於巧妙地跨越及尊重
「你內心的高牆」與
「對方內心的高牆」。

本書只傳授你一個思考方式。
只要能夠做到，給人的印象就會大不相同。

話雖如此，
我要談的不是「考慮對方的心情」、
「提高敏銳度，讓自己察覺」這種**「精神論」**的方法，
所以你大可放心。

所需的，僅是「一秒鐘」的**「判斷基準」**。
讓我來告訴你運用這種思考方式的訣竅吧。

謙虛的人、
內向的人、
敏感的人、
能夠替他人著想的人……

本書的目的就是要讓那些擁有體貼素質的人能夠順利跨越「高牆」，持續做出體貼的行為。

大好機會絕對會降臨在這樣的人身上。

「我想請你負責這個工作。」

「可以放心把事情交給你。」

「期待下次再見。」

光是成為一個「貼心的人」，

就能抵達連自己都沒想過的人生高峰。

走吧，讓我們一起
踏出那一步吧！

前言

改變「只會察言觀色」的人生

首先，我想請你嘗試回想自己「出社會第一年」的事。

剛進公司時，你應該參加過「公司準備的商務禮儀課程」，或是聽過「來自主管的指導和提醒」吧？

又或者是被迫看完了公司指定必讀的「商業技巧書」。

你在那之後漸漸習慣職場，也熟悉了自己的工作。

當你獨當一面時，某個瞬間來臨了。

你會面臨一個事實——

「不會再有人對你多說什麼」。

當然這也代表你變成了一位優秀的主要員工。

可是在往後的日子裡，每個人將漸漸在**「是否能為團隊或職場著想」**、**「是否有辦法照顧後輩或下屬」**方面出現落差。

一旦過了一定的年紀，自然不會有人再來對你說「你要為團隊著想」，畢竟沒有人會去提醒超過三十歲的主要員工「你要打招呼」吧？

不過我想你也知道，會不會打招呼明顯與你給人的印象息息相關。

換句話說，這些成了**你自己必須要去注意的事**。

你二十幾歲被稱為年輕人的時候，只需要透過「技巧和理論」完成工作，並拿出結果即可，然而三十歲之後，你將無法光靠那些在職場上立足。

你每年都會有更多的後輩，當上主管後也會有下屬。

你不但工作上要有進展，還要能夠留心觀察與那些人共度的「日常」。

你想要**意識到這一點並改變自己，**

還是維持原狀不變呢？

這在未來將會帶你獲得人生的豐碩成果，像是——

「被交付重大工作」、

「被選為管理階層」、

「成為他人徵詢意見的對象」等等……

你要是一直遲鈍下去，等到變成老鳥員工，這部分將再也無法有所改變。

只靠「理」工作的人，勢必會陷入僵局。

在一切還來得及前，你需要學會一件事。

那就是與「理」相對的「情」，意即**「體貼」的思考法。**

●向「體貼的專家們」學習

還沒向大家自我介紹，我的名字是川原禮子。

我現在是一名溝通技巧的培訓講師，我以「顧客忠誠度（建立與顧客的信任關係）」為基礎在商業講座中登台演講，或者是為業務或客服負責人提供服務。

我獨立接案八年多，**曾於培訓或講座中爲大約兩百間公司、兩萬名商務人士講課。**

在這之前，我曾在瑞可利的顧客滿意度推動室工作。

那是一個設有負責回答讀者或使用者疑問及處理客訴的「熱線」窗口，且致力於改善商品和服務並提升顧客滿意度的部門。

我剛進入公司時的具體工作是接電話和回覆電子郵件，擔任主管職之後則處理過非常多「叫你們主管出來」的客訴。

由於我曾以負責人的身分在之前工作的電信公司教育過員工，我在瑞可利獲得了「教育團隊領導者」的職位，很快地也開始在其他部門或合作公司舉辦的客服培訓課程，以及 Jalan、Zexy、HOT PEPPER Beauty 主辦的講座和論壇中講課。

如果再往回推，我留學後繼續待在美國，在加利福尼亞大學本校所在的柏克萊市當了將近十年的壽司餐廳老闆。

從上班族時代直到現在，我自始至終都在與「顧客」面對面。

這些經歷讓我認識特別多在服務業和餐旅業工作的人，且不斷地更新溝通技巧的相關資訊。

我從身為服務專家的熟人那聽說了不少他們如何接待客人的故事。

那些故事讓我學習到了一件事，那就是——

「他們只是做了理所當然和習以爲常的事。」

比方我曾聽說人氣旅館的前經理會在幫客人辦理入住手續時，看客人是用哪隻手握筆，藉此確認客人的「慣用手」。假如客人是左撇子，他會提前告知餐廳的員工要**改變那位客人的筷尖朝向。**

如果客人走路的速度緩慢，他會猜測那位客人可能腰不舒服，隔天要送客人離開時，他會**把那位客人的鞋子放到玄關牆邊的椅子附近。**

會讓人「下次還想要再來」的旅館裡，到處都充滿了對方能隱約感受到的體貼。

- **如果你帶著大型行李進到店裡，員工會馬上拿「籃子」來。**
- **如果你準備要吃藥，員工會送「去冰的水」過來。**

- **如果你穿著外套，員工會把「冷氣的溫度」調高。**
- **如果你咳嗽，員工會默默遞給你「喉糖」。**

一間旅館是否有像這樣的體貼服務，會對「舒適度」帶來影響，成為在眾多選擇中讓客人決定「下次再去住那吧」的關鍵。

這些對從事服務業的他們來說都是「習以為常的事」。

不過一般的商務人士當然不需要體貼到這種程度。

而我的職責就是把在那之中獲得的啟發，以**「商務人士必備技巧」**的形式傳授給大家。

●「體貼的差異」造成「人生的差異」

舉例來說，請你想像一下「面試」的場面。

在最初的第一次面試和第二次面試中，應徵者若是能給出合理的回答或者是有實績、證照，其實意外地能輕鬆過關。

只是隨著最終面試越來越近，應徵者在能力上的差異也會逐漸消失。

在最後的最後往往是面試官的一句**「我總覺得應該要選這一位」，這種難以言喻的要素決定了結果**。

- **在等候區會向其他來求職的應屆畢業生搭話說「很緊張呢」來緩和氣氛。**
- **假如參加一大早的面試，打招呼時會說「謝謝你們這麼早來面試」。**
- **團體面試結束時，會把其他人忘記歸位的椅子推回桌子下。**
- **擋著門讓別人先出去。**
- **說出「關於旁邊的○○先生提到的……」，記得其他參加者的名字與發言內容。**

這樣的人很可能抓住了進入錄取名單的機會。

這種看不見的小地方，最能體現每個人**對「體貼」不同的敏銳度**。

日積月累下來，這將會成為左右人生的重要因素。

二〇二二年搞笑諾貝爾經濟學獎獲獎的是從數學上解釋**「爲什麼常常是最幸運的人會成功，而不是最有才華的人」**的研究。

那項研究得出了**「才華普通且非常幸運的人，往往比非常有才能的倒楣鬼還要成功」**的結論。

除此之外，以下這段註解令我印象深刻——「才能不可或缺，但只有才能也會變得不幸。這句話不是要你等待幸運到來的意思，**如果你想要遇見幸運，勢必得向前邁進**，這才是我們想要傳達的訊息。」

假如合作對象的公司要求你「多帶一個你公司的人來」時，你會選誰呢？

你應該會選實績優異或經驗豐富的人吧？

可是如果對方有說出沒禮貌發言的可能，又或者是個粗線條的人，多半會讓人有所猶豫，心想「還是不要選那個人好了……」

既然如此，帶「很努力工作又貼心的後輩」去或許會比較好。

而這兩種人之間的差異其實源自平時的**「小事」**。

我們都會因為「小事」而開心。

我送禮物給美國的朋友時，他曾因為看到包裝上膠帶尾端被折成好撕開的樣子，而驚喜地發出「WOW！」的讚嘆聲。

這在工作上也是同一個道理。

我想你也有遇過對方說的話是對的，不但有參考資料也有根據。

工作也有做出成果。

可是你卻有種**「不知道爲什麼不想和他一起工作」的異樣感受**，導致那段關係沒有繼續維持下去。

「把客戶當作物品對待。」

「完全記不住負責人的名字。」

像這樣「缺乏體貼」也是造成那種異樣感受的原因。

反過來說，只要懂得體貼，就能夠過上——

「在最後抓住機會」、

「又被交付下一項工作」、

「不知道為什麼運氣很好」的人生。

因為「一個小小體貼」而抓住機會的人

這是某位女性業務經理的故事。

她所待的是那種只需要做好自己分內事務的組織，新進員工總是哭哭啼啼，主要員工則是不耐煩地把「教都教不會」掛在嘴邊，雙方都承受著來自周圍的「還沒有培訓好嗎？」的壓力，大家都看起來很勞累……

據說在那樣的組織中，有位只要把新人交給他帶，他都能讓新人順利成長的下屬。

某天她要把工作交代給那位感覺很忙的下屬時，得到的回應是：

「當然可以。」

她的內心非常訝異。

任誰都不想在忙碌時接下突然冒出的工作。

但就算是那樣，反正最終都得接下來，心情愉快地接下絕對會比較好。

所以下屬在**「可以」**的前面加上了**「當然」**兩個字。

在這件事之前，她一直認為說話方式是和個性不同有關。

後來她領悟到那其實是**來自於下屬的「體貼」**，而且那是「每個人都能馬上做到的改變」。

此外她也意識到明明那麼做會比較好，她以前卻沒有那麼做是因為「自己不夠體貼」。

如果想要改變組織，她自己必須先有所改變。

聽說她從那之後把覺得「這麼做很好」的體貼言行加進了自己的溝通模式中。

很快地，**她與主管的對話增加了，接著良好的關係漸漸地擴大到主管與其他下屬、下屬與下屬之間**。

她後來在讓她意識到這點的體貼下屬升遷，以及看到那裡變成培訓時新人不再哭泣的組織後離開了那間公司。

如今她已經是某企業優秀的人資部部長，有了更好的職涯發展。

讓「看不見的高牆」具體化

像我前面談到的那些體貼的好處，相信很多書裡都有提到過。

本書主要會聚焦在那些性格內向或敏感，覺得**「就算妳那麼說，我還是會有心理障礙」**的人身上，希望能夠寫進他們的心坎裡。

在展現體貼之前，人的內心有「兩道高牆」。

分別是**「自己內心的高牆」**與**「對方內心的高牆」**。

首先是「自己內心的高牆」。

新人缺乏野心。
後輩似乎沒有理解你告訴他的做事方針。
會議的氣氛很緊張……
你即使知道遇到這些場面時該怎麼做，卻會單方面斷定——

「他說不定會嫌我多嘴」、
「他大概會覺得我很煩吧」、
「感覺其他人會以爲我想要引人注意」……

最後選擇了「什麼都不做」。
你想要跨越高牆卻跨越不了。
本書的特色就是會介紹能在這種場合派上用場的思考訣竅，詳細內容我會在正文中做說明。

此外，除了有跨越會比較好的高牆，也有不要跨越會比較好的高牆。
那就是「對方內心的高牆」。

比方說，你喜歡「接受別人的建議」嗎？
我想每個人都有過一開始時心懷感謝地聆聽，後續卻在對方滔滔不絕的過程中感到「厭煩」的經驗。

作為給建議的人，需要敏銳地察覺對方的心情，耗費心力貼近對方的感受。
然而我們有時會在沒有自覺的情況下做得太過火，跨越了對方內心的高牆。
好的建議一旦跨越高牆，也會變成在「說教」。

而且對方要是沒有給出明顯的回應，
你也會覺得失望，
心想「虧我費盡心思說了那麼多……」
如此一來給建議的人和接受建議的人都會很累。

體貼必須要做到**「不侵犯對方的領域」**、**「不要做得太過火」**、**「知道何時該收手」**。

首先你要明白「就像自己的內心有高牆一般，對方的內心也有高牆」。

請你把重心放在自己身上。

這麼做的結果不僅自己和對方都不會累，在體貼對方時也能帶來恰到好處的距離感。

關於這個思考方式，我也會在正文內詳細地做說明。

放棄「你要自己去察覺」的精神論

很多在談「體貼」的書都有個弱點。

那就是把以下的建議**寫得好像很簡單**。

「考慮到對方的心情」、

「用俯瞰的角度去觀察」、「請感受現場的氣氛」。

我自己在過去的培訓中也說過同樣的話，但就算講授這些精神論，我經歷到的是學生會分成「做得到的人」與「做不到的人」。

是否能察覺到別人的心情，果然還是和「與生俱來的特質」有關。

最近蔚為話題的「高敏感族」也是一樣，根據提倡高敏感族概念的美國心理學家——伊蓮・艾融（Elaine N. Aron）博士所做的調查，每五個人之之中就有一個人是「天生的高敏感族」。

據說高敏感族和不是高敏感族的人神經系統不一樣，**即使是相同的情境，高敏感族也更容易注意到其他人不會察覺的小事**。

反之，也有人是不擅長讀取他人情感和氣氛的「發展障礙」人士。

所謂的發展障礙是大腦功能方面的特質，目前已知有發展障礙的人**會不擅長解讀狀況和推測他人的心情**。

另一方面，在這個社會上也有具天賦異稟，在「個性上很快能和人打成一片」的人。

從小就輕鬆自在地與各種人接觸並發展社交生活的人，比較容易變得善於社交。你只要想像生意人的小孩，而且是那種自幼在店裡長大的孩子，應該能夠明白我在說什麼。

如果我拿那些人來舉例，

提出「請你變得像那個人一樣開朗」、

「請你變得積極正向」，

你肯定會覺得很困擾。

因此，我在本書中用了很多以下這樣的表達方式：

「請在你『注意到時』跨越高牆吧。」

「讓我們從專家身上獲得啟示，從每個人都能做到的事情開始養成習慣」。

因為**改掉「注意到後猶豫不決」的思考習慣，是每個人都能做得到的事，**請你務必要把這個思考方法學起來。

●「那時我很開心」是體貼最強的判斷基準

為此我要把我的壓箱寶——簡單的「體貼判斷基準」傳授給你。

那就是針對你收到的體貼建議去回想：

「我有沒有被那麼對待後覺得開心的經驗？」

假設我向你提出了「請你把電子郵件寫得簡短一些」的建議。我接下來想要你做的不是「盲目地相信意見並立刻縮短電子郵件內容」，而是希望你能回想自身的經驗，像下方這樣憶起當時的感覺。

「主管第一次寄來的電子郵件**簡潔有力，看起來一目了然**。」

「我快要上台報告覺得很緊張，**那一句短短的訊息讓我很開心**。」

如果有過愉快的經驗，那你可以嘗試看看。

反過來說，假如你完全沒有因為簡短的電子郵件得到幫助的經驗，就不需要勉強自己縮短內容。你要試著用這樣的方式回憶自己過去接受過的「體貼」對待。

藉由設下基準，想必你心中**「既然是這樣，那來跨越高牆吧」**的念頭也會得到你的認同。

答案的判斷基準全在你的心中。

你應該要在認同該那麼做後再採取行動，而非用他人的判斷基準把其他答案想成正確解答。

這就是體貼的第一步。

你的人生一路走來，在心中**理應存放了來自許多人對你的「體貼」**。

如果你之前能以一名社會人士的身分順利成長，受惠於環境或人際關係，那就更是如此。

你想必一直有受到非常多前輩或外部相關人士的體貼關懷。

這次輪到你**想起那些庫存，在一個接著一個回想的同時，回饋給後輩或下屬，以及你往後遇到的人們**。

組織心理學家亞當・格蘭特（Adam Grant）教授把人定義成三種類型，

分別是「索取者（總是想接受大於付出）、「給予者（讓施與受的關係往對方受益的方向發展，想要付出得比接受的多」、「互利者（試圖在付出和接受之間取得平衡）」。

他介紹在這三種類型中，最成功的是給予者。

你接下來要做的事情，就是這次要換你把自己過去下意識「索取」的事物「給予」出去。

透過串聯起關係，你將可以走到更遠的地方。

除去內心的煞車，阿德勒的教導

我們大多數人在成長的過程中，都被灌輸了「不可以給別人添麻煩」、「不可以做討人厭的事」等「不可以○○」的禁令。

那些禁令成了我們內心的煞車，「雞婆精神」在日本社會越來越少見。

分享東西給鄰居的文化消失也是同樣的原因。

我在美國帶孩子時，只要我推著嬰兒車去買東西，一定會有人幫忙打開店家的門，並在我們進去前先擋住門。

我暫時回日本時，也曾發生過我扛著嬰兒車要走下車站的樓梯，結果周圍那麼多日本人，卻只有一位美國人背包客願意幫我的情況。

或許在日本**真的很難做出「引人注目的事」**。

有時你的內心也會閃過一絲不安，心想「就算我被那麼對待會覺得開心，也有對對方來說是個麻煩的時候吧？」

本書所使用的技巧基礎包含了阿德勒心理學的想法。

其中有一個名為**「課題分離」**的思考方式。

我要引用出自我的恩師——HUMAN GUILD的岩井俊憲先生著作的內容。

「這條界線在我們與對方的關係中，把這是對方的課題還是自己的課題變得明確，也象徵著不要介入和不要讓別人介入的事物。我們跨越了這條界線，所以往往會讓人際關係產生麻煩。」[1]

自己被那麼對待會覺得開心是**「自己的課題」**。

對方接受之後會怎麼想是**「對方的課題」**。

就結果而言，即使你做出的行為在對方看來是「多管閒事」或「不需要」，那你也只是收穫了一個名為「經驗」的成長機會罷了。

像這樣不斷地嘗試是人生中成長必備的糧食。

1 岩井俊憲著，《一看就懂圖解阿德勒心理學 找回被討厭的勇氣：拋開過去，激發勇氣，人生從此與眾不同的六堂課》，布克文化出版倒不如說害怕犯下這種人際關係上的失誤的人，反而會停止成長也說不一定。

●選禮物是「可怕的事」嗎？

我在這邊舉一個例子。

「請你送『生日禮物』給家人以外的某個人。」

當你聽到這句話，會有什麼樣的感覺？

如果是不擅長送禮物的人，大概會有各式各樣的想法在腦中亂竄，煩惱「要送什麼對方才會高興？」、「對方收到會不會覺得困擾？」

有時到最後還會得出「既然對方會覺得困擾，乾脆不要送比較好！」的結論。

可是**什麼都不做，等同於沒有幫那個人慶生**。

沒有傳達出去的想法會變得和不存在一樣。

與其演變成那樣，還不如毫不猶豫地送出你之前收到後覺得開心的禮物給對方。

就算那是對方不需要的東西，後續處理也是收下的人思考的事。換句話說，那是**「對方的課題」**。

我偶爾會收到葡萄酒或日本酒，可是我根本不能喝酒。

不過要怎麼處置那些酒是我**「自己的課題」**。

實際上，我的家人心懷感激地收下了，每次看著喝酒喝得津津有味的家人，感覺就像我自己也喝了一樣。

「人對做過的事不會後悔太久，但對沒做的事會後悔很久。」

這句話是康乃爾大學的心理學教授湯瑪斯・達西夫・吉洛維奇（Thomas Dashiff Gilovich）的名言。

照顧過三千五百人的安寧療護醫師小澤竹俊也說「我常在現場聽到有人說『想要再次和家人去旅行』或者是『要是我更勇於挑戰就好了』」。

無法理解的商業禮儀不做也罷

另外，我希望你也能記住接下來提到的思考模式。

那就是即使是社會上認為「做了會比較好」、「這是禮貌」的事，**如果你自己被那麼對待不會開心，不做也沒關係**。

「我需要參考作為模板的電子郵件到什麼程度？」

這是我在如何寫電子郵件的培訓課程中常會被問到的問題。

「請您毫無保留地給我意見，惠予賜教。」

大家會對是否要用這麼生硬的慣用語而感到猶豫。

像這樣依照制式寫法寫出來的電子郵件看起來很正式，但其實很多人都不想用這樣的寫法吧？

既然如此，「不這麼寫也罷」。

我在瑞可利工作時，學到「解讀對方寄來的電子郵件」在書信來往上很重要，就算我現在成為了講師，也在推廣同樣的事。

假如對方寫了直率的內文寄來，

詢問「不好意思，可以請你給我剛才的資料嗎？」

用像「如果有其他我幫得上忙的地方，請直接跟我說」這樣的相同文風回信給對方，會讓對方的感覺比較好。

包含前面我常被諮詢的那個問題，在接受過我的指導後，很多人都向我回報「我放棄照著模板寫電子郵件後，合作對象給了很好的回應！」

「自己被那麼對待是否會覺得開心」果然是體貼的判斷基準。

在本書之中，我會像這篇這樣教導你用來跨越體貼高牆的思考法。

除此之外，本書介紹的具體案例雖然都是些會讓人心想「只有這樣？」的瑣碎小事，但我挑選的全是能夠打動被那麼對待的人，**為你帶來工作機會的小事**。

那些越是枝微末節、越讓人想要瞧不起它，覺得「就那麼簡單？」的事，**實際做得到的人就越少，效果也越是超群**。

請你對照自身過去的經驗，務必要採納看看。

那麼，讓我們開始吧。

川原禮子

前言●改變「只會察言觀色」的人生

序章●能體貼得恰到好處的唯一方法

第1部 體貼的「兩道高牆」

第1章●跨越「自己的高牆」的課程

第2章●尊重「對方的高牆」的課程

第2部 體貼的「五個訣竅」

第1章●降低作決定的難度——「限定」的訣竅

第2章●讓對方有心理準備——「預告」的訣竅

第3章●給予資訊而非給予答案
——「共享」的訣竅

第4章●不要侵犯對方的領域
——「領土」的訣竅

第5章●被記住的安心感——「記憶」的訣竅

序章

能體貼得恰到好處的唯一方法

在進入正題前，我想分享一個我的個人經歷。

我這麼做的理由，是因為我需要談到我為什麼會察覺到有體貼的「高牆」存在。

我曾經在美國工作了很長一段時間。

●「公事公辦」造成的失敗

我出生後在東京長大，然後去了美國的康乃爾大學念書。

我接著在美國取得了居留權，並於加利福尼亞大學本校所在的「柏克萊」市經營一家日式料理餐廳。

我在二十五歲時管理了十名以上不同國籍外加比我年長的員工，美國的特色是常常需要和有不同母語以及來自不同國家導致思考方式迥異的人們一起工作，和日本不太一樣。因此在美國需要的是合乎邏輯且清楚傳達 Yes、No 的管理模式。

後來我在三十幾歲時回到了離開十三年的日本，開始在企業內工作。很快地，我在人際關係上遇到了麻煩。

我直白地用「我在減肥所以不用」的理由拒絕了人家給的點心，把氣氛搞僵，又或者是在大家喝酒聚會時，沒有想到要去留意周圍的杯子已經喝空，被主管告誡了。

我已經徹底習慣美國公事公辦的應對方式。

後來我慢慢地找回了對日本「說場面話」和「看氣氛」的敏銳度，重新建立對此的認知。

更重要的是日本人與人之間的距離感與美國不同。

「原來是這樣，日本人不會做這種事……」

「把想的事情直接說出來會很失禮……」

我每天都對一個又一個行動有新的發現。

我原本不是個體貼的人。

每當我失敗時就會去找前輩商量，然後模仿前輩，或者是閱讀禮儀相關的書籍。自從我當上主管有了下屬後，我便一邊學習心理諮商的技巧，一邊不斷進行各種嘗試。

終於掌握了我在「前言」提到的「服務專家們」教導我的事。

經歷許多的失敗，我在過程中意識到「體貼」的重要性，我開始在公司內部做宣導，如今已以講師的身分獨立，接觸到了各種行業的案例。

我把那些內容系統化，讓它變得更容易理解後，得到了**「體貼的高牆」**這個點子。

內向的人也有「強項」

我在「電子郵件的寫法」上花了特別多的心思。

當著別人的面說話時，無論如何都會考驗到應變能力，比較難在事前做準備或制定戰略。

但電子郵件就不一樣了。

不管是多麼不擅長說話且內向的人，都能靠「電子郵件」有所發揮。

因此電子郵件能夠作為武器。

不論是什麼樣的人，都有自己的強項。

當你看到令人擔心的同事，就算無法馬上行動，也可以在之後安慰對方。

你會感到猶豫也沒關係，讓我們慢慢去找出「你可以做得到」的體貼方式吧。

在本書的第一步，我將介紹關於「體貼的高牆」的課程。

重點在於跨越自己內心的高牆。

然後知道對方的內心也有高牆，懂得尊重對方。

就如同我在「前言」提到的，想要變得有辦法做出體貼的行為，「我有沒有被那麼對待後覺得開心的經驗？」是非常重要的判斷基準。

建議你可以在往後的職場生活中**把「被那麼對待後覺得開心的事」寫成清單**。

在一天的最後回想當天發生過的種種，記錄下讓你覺得開心的事。日積月累下來，那將會變成**「你接下來的待辦清單」**，藉由定期回顧清單，相信你心中的高牆也會變得越來越矮。

請你務必從今天起開始這麼做。

●壓力「減輕」的背後

不過你可能沒辦法馬上想到「被那麼對待後覺得開心的事」。

有一個思考方法可以解決這個問題，就是——

「人在什麼情況下會瞬間感覺到有壓力？」

這個判斷基準。

舉例來說，你在什麼時候會覺得有壓力？

「一定得回覆的電子郵件累積了一大堆時」、

「要把工作交給下屬去辦之前，擔心會不會被拒絕時」。

諸如此類，這樣的情況應該很多。**當那份壓力減輕時，你大概會感受到喜悅的心情或安心感。**

讓人覺得和他一起工作很愉快的人，一定很少會帶來這樣的壓力吧？

「他乾脆地答應我拜託他的事」、

「他讓會議順利地進行」。

像這些讓你壓力減輕的背後，都隱藏著源自那個人的「體貼」。只要你試著去深入去了解，說不定能**發覺來自他人的「體貼」**。然後你可以把那個方法運用在自己的工作上。

消除他人壓力的「五個關鍵字」

本書的第二部不只介紹了我的親身經歷，還有我在指導兩萬人的過程中收集來的「體貼案例」，像是：

「這種體貼的方式令人高興」

「對工作的關心程度有了一百八十度的轉變」

我嚴選的全都是許多商務人士沒有做到的絕妙案例。

它們共通的要點正是——

「防止人會感覺到壓力的瞬間出現」

這個觀點。

我把那些案例統整成「限定」、「預告」、「共享」、「領土」、「記憶」這五個關鍵字。如果要簡單介紹一下，分別會是以下這五種情境：

- **必須作出決策時的壓力**
- **突然接到要求時的壓力**
- **被迫接受大道理時的壓力**
- **自己的空間遭到侵犯時的壓力**
- **感覺到孤獨時的壓力**

人在這些壓力消失的瞬間**會感覺到「很舒服」，心中萌生「感謝有這個人在」的心情**。

這樣一來不僅能夠打造工作起來更舒適的職場，在人際關係上還能成為受到信任的主管或下屬、獲得客戶對你的好印象等等。

請你回想本書在「前言」提到的案例。

「讓美國友人發出『WOW』驚呼的膠帶尾端」、

「下屬在『可以』前面加上『當然』的一句話」、

「方便對方回信的簡短電子郵件」，

這些都隱藏著減輕對方壓力的「體貼」。

不追求完美，以「六十分」為目標

從事服務業的人是能夠徹底減輕這五種壓力的專家。

- **提供套餐料理或本日推薦等，「準備了限定菜單的餐廳」。**
- **通知早餐和晚餐的用餐時間，「進行預告的旅館」。**
- **連食品的保存方法都「願意分享的百貨公司地下街銷售攤商」。**
- **在不會太遠或太近的剛好距離「接待客人且尊重客人領土的店員」。**
- **把客人的喜好和對話內容都「記錄到顧客履歷的美髮沙龍」。**

他們把這些服務當作自己的本業在做。

一般的商務人士當然不需要體貼到他們那種程度。

如果「服務業專家」需要的體貼等級是一百分，一般的商務人士能做到「六十分」就很足夠了。

只要你能在自己的工作告一段落，或者是有餘裕還有「關鍵的時刻」顧慮到對方，即可算是合格。

就連我用來評估客服負責人的對應評分表，也是把新人的及格分數設定在「六十分」。

這個標準是**「客人不會客訴的程度」**。

讓我們從六十分做起，慢慢地多次做出體貼的行為，逐漸進步到七十分、八十分吧。

再說要是每天被坐在旁邊的人用一百分滿分的體貼對待，接受的人也會感到精神疲憊。

若是做的人和接受的人都筋疲力盡，那就得不償失了。

一般人在日常生活中的體貼只要做到六十分即可。

反過來說，**雖然只有六十分，與「做不到的人相比」也會帶來天壤之別的差距**。

那些事情簡單到和打招呼差不多，但很多人並沒有在做。

我們不需要為他人著想到超一流的程度。

請你從今天起一件接著一件增加自己能夠做得到的事吧。

第1部

體貼的「兩道高牆」

第1章

跨越「自己的高牆」的課程

在本章節我會先介紹最重要的「心態」。
這是本書所有方法論基礎都需要用到的思考方式。
請你不時回來思考這一點，讓自己的思考模式完全升級吧。

此外，在體貼他人時最讓人感到困難的部分，有很多時候都是在——
「開口的瞬間」。
可是**對大家而言困難的事，反過來說也意味著做了會有極大的效果**。
以前我認識一位勇敢的業務。
「我接下來要去拒絕過我五十次的企業，讓對方告訴我第五十一次『不需要』。」
他跟我報告完這句話後就外出了。
他明白被拒絕也是工作的一部分，是個擁有強大內心的人。
不過**你不需要精神堅韌到像他那樣**。
可以把難度稍微降低一點也沒關係。
尤其對工作上總是講求邏輯和效率的人來說，跨出這一步至關重要，這也是你拉開與別人差距的機會。
請你千萬不要擺出嘲諷的態度認為「就這麼簡單喔」，而是實際去做做看。

自己的高牆❶

改掉想要獲得回報的習慣

不會考慮眼前得失的人真的很棒。

「表現出我正在做」沒有意義

想要跨越「自己內心的高牆」，必須要有一個心態。

那就是——

「就算沒有人在看我也會做」。

「沒有人看到就沒有意義」、「只要在有人看的時候表現就好」是這個社會普遍的看法。

這在戰略上或許是正確的。

但那並不足以讓你在關鍵時刻跨越高牆。

你得在平時養成習慣，就算沒有人在看也會做「自己被那麼對待後覺得開心的事」。

擺脫重視 CP 值的思考模式。

我舉幾個例子，請問你會做以下這些行動嗎？

- 離開座位時會把椅子靠回桌子。
- 離開會議室時，會確認有沒有飲料的水滴殘留在桌上。
- 假如白板筆沒水了，會換上新的白板筆。
- 碎紙機滿紙的指示燈要是亮了，會幫忙換垃圾袋。

這些都是只要你願意就能做得到的事。

然而有的人只會為了眼前的得失採取行動，認為「沒有人在看就沒有意義」、「誰做誰吃虧」。

你要先捨棄掉這樣的想法，才能站在體貼的起點。

成為能夠遵守「自己的規則」的人

「沒差啦」這種心情會表現在不假思索的行動上。

不要尋求回報，立刻去做吧。

就像在沒人看到時開車闖紅燈一樣，遲早會發生事故。

在信仰虔誠的國家通常會強烈地覺得「舉頭三尺有神明」，因此道德能夠起到作用。

另一方面，日本不像基督教文化圈那樣有著虔誠的信仰，是否能自己訂下規則並徹底遵守，是個人要面對的考驗。

自己替自己訂下規則，一旦決定好後就要貫徹到底。

就算沒有人在看也要去做。

只要你持之以恆到你自己也覺得是理所當然時，自然會有人看到。

請不要搞錯先後順序了。

自己的高牆 ❷

去公司上班時如果與別人對到眼，自己要主動搭話

請不要別開視線，試著露出微笑吧。

你回想得起來公司裡「有誰在」嗎？

你有沒有一種當人與人見面的機會變少，或者是職位越來越高後，**「要向他人開口變得比以前害羞」**的感覺？

你是不是有時在公司裡除了和座位旁邊的人說「早安」以外，**就不會再說其他的話，即使是在同一層樓工作，你與同事之間也都是用即時通訊或電子郵件溝通？**

不過，我想請你回想一下被前輩或同事搭話時的情況。

就算工作做到一半也會意外地令人開心，不禁聊得很起勁吧？

既然是這樣，請你把「自己被那麼對待是否會覺得開心」當作判斷基準，試著增加開口向人搭話的機會吧。

我推薦的做法是出勤時**掌握辦公室裡「現在有誰在？」**

你不需要一個個和所有人打招呼、和他們說話。

當你一個接著一個確認有誰在時，對方也會和你對到眼或從旁邊經過不是嗎？你只要在這時「打招呼」，就不會讓人覺得奇怪。

遲鈍的人一坐到自己的位子上，便會埋頭處理眼前的工作，甚至連辦公室裡有誰在都想不起來，你也不想自己變成那個樣子吧？

以增加「對話的詞彙」為目的

如果你平常不增加對話的次數，到緊要關頭時勢必會傷腦筋。

我舉辦了針對業務開設的角色扮演培訓課程後，**感覺到參加者的「詞彙量」逐年減少**，使用的詞彙很少有變化。

「我們的支援服務也很完善，所以您可以不用擔心，而且也能夠中途改變方案，請您不用擔心。」

就像這句話一樣，給人重複提到「擔心」這個詞的印象，要是太常連續

他看起來很忙，
沒有問題吧？
那個人剛休假回來！
今天有誰在呢？

觀察周遭，自己主動開口。

使用同樣的詞彙，會讓人很想吐槽「我其實沒在擔心……」

平常掛在嘴邊說的話，同樣也會在商務的重要場合上說出口，因此請跨越自己內心的高牆，盡量增加說話的機會吧。

假如時間是早上，你可以在道過「早安」後詢問對方「週末有好好放鬆休息嗎？」

如果是「剛才的那份資料，你忘記寫日期了喔」這種程度的小事，**比起你用即時通訊告知，對方直接聽到也比較不會感到不快**。

為了在開口時能夠跨越內心的高牆，你甚至可以抱持著「我不是來公司打卡，而是來公司與別人進行交流」的想法。

請你試著採取行動，增加自己主動說話的契機吧。

自己的高牆❸

快要說出「不好意思」時，用「謝謝」代替

你要是過於畏縮，氣氛反而會變差。

「能夠改變現場氣氛的人」的共通點

要向一群人說話時，會讓人不禁感到畏縮吧？

出社會工作的時間久了，不管適任或不適任，大家都有機會當到的其中一個職務就是會議的主持人或引導者（Facilitator）。

會議開場是令人緊張的第一道關卡，雖然可以設下每個人都得說一句話的「破冰時間」，但這個方法不適合在人數多的會議上使用。

要在靜悄悄的會議室內做開場時，大家應該都會煩惱自己是否能說出一些得體的發言。

我觀察了「能夠瞬間改變靜默氣氛」的專家們後，找到了一個共通的規則。

那就是他們**說「謝謝」的頻率變高了**。

你或許會想說「咦？就這樣嗎？」但只要試著把「不好意思」換成謝謝，你就能明白這之間的差異。

請你唸出以下這段話。

「每個月的例會現在正式開始。讓各位百忙之中抽空在一大早前來，**眞是不好意思**。」

「〇〇先生剛休假回來吧？你那麼忙碌還來參加，**眞是不好意思**。」

這樣的說話方式聽起來彷彿是**以自己做了不好的事，或者是以對方覺得困擾爲前提**。

不過內向的人提到「不好意思」的次數確實很多。

● 把「不好意思」抵消掉

你只需要把「不好意思」換成「謝謝」，即可表現出恰到好處的體貼，光是做出這個改變，你給人的印象就會有很大的不同。

你那麼忙，
真是不好意思。
你那麼忙，
真是太感謝了。

覺得不好意思時，換成用感謝代替。

你閱讀完上方的案例後，應該可以感覺到氣氛變好。

不只是在這個場面，日本人實在太常用到「不好意思」了。

其實在許多場合都能把「不好意思」替換成「謝謝」，既然是這樣，讓我們一起意識到這件事，多加使用「謝謝」吧。

就算**因爲說話習慣講出了「不好意思」，也請你在那之後加上一句「謝謝」來把它抵消掉**。

光是這樣就能簡單地變成讓人留下好印象。

自己的高牆 4

稍微多喊幾次對方的「名字」

沒有人會討厭別人喊自己的名字。

在「最開始的十五秒」說話

在商務場合上，有時會有不知道該說什麼的**「短暫沉默」**。

舉例來說，我們可以想像會議開始前的狀況。

短暫沉默差不多會發生在主持人打開會議室的門，參加者三三兩兩走進去的這個段落。

也就是室內安靜無比，主持人的視線在確認共享資料和參加者到場情況的那段時間。

我想那段時間會有很多人覺得尷尬，不曉得該如何應對。

另外像是「電話行銷的開場」和「交換名片後的幾秒鐘」也是如此。

據說**一開始的十五秒決定了你給別人的印象**。

尤其是在電話行銷上，電話接通後的十五秒是第一道關卡，重點在於要怎麼讓別人有「好像可以聽聽看這個人要說什麼」的心情。

這段時間毫無疑問是跨越體貼高牆的瞬間。

我們要怎麼拿下這十五秒呢？

用像是要「印在」自己腦海般的方式呼喊對方的名字

你有聽說過「呼喚姓名效果」這個詞彙嗎？

如同字面上的意思，指的是呼喚對方的姓名。

選擇說**「〇〇先生／小姐，早安」**而非「早安」，更能讓被叫到自己名字的人親近感油然而生，有種彼此的距離忽然縮短的感覺。

如果對方是第一次來參加會議的人，這也能成為「初次見面」打招呼的契機，而且依照我的經驗，通常我喊了對方的名字後，對方也會回我「川原小姐，早安」。

雙方在初次見面的場合中交換名片後也是。

〇〇先生／小姐的部門
有幾個人？
〇〇先生／小姐，
你現在有空嗎？
〇〇先生／小姐
是哪裡人？

請盡量喊出對方的名字。

刻意多提到幾次對方的名字會是剛剛好的頻率。

請你試著像上圖那樣，以像在確認對方姓名的方式對話。

有的人明明剛換完名片沒多久，就需要一邊回望手邊的名片，一邊說出「那個，〇〇先生／小姐……」來接續對話。

那樣太慢了。你要在一開始時先重複提到對方的名字，讓自己之後只要看著對方的臉就能直接說出名字，才能夠留下好印象。

尤其對方如果是「年輕人」，一般被喊名字會很開心，即使對方沒有表現出開心的樣子，內心的自尊心也提高了。

只要想著**「爲了讓自己記得對方的名字，稍微多叫幾次剛剛好」**，你就能跨越自己內心的高牆。

向外來的「訪客」搭話

這個體貼的舉動不只攸關你個人，
也與你公司給人的印象有關。

●請回想起「自己的不安」

你也曾有過在第一次到訪的地方找不到入口或櫃檯在哪裡，不知所措地四處徘徊的經驗吧？假如已經快到約好的時間，那肯定會更加不安。這種時候要是有路過的人開口問你「你是要來找誰的嗎？」真的會覺得很感激。

像這種**「自己會經感到不安的經驗」**，其實隱藏著跨越體貼高牆的機會。

有的企業當你在櫃檯附近等待負責人時，經過的員工會對你說**「請你坐著稍等一下」**。

感受得出來對訪客的「體貼」已經形成了組織氣氛（Organizational climate）。

被關心雖然很開心，可是人一旦站到相反的立場，反而會作出以下的決定。

「算了，不用我說他也知道吧？」

「應該會有其他注意到的人去向他搭話。」

真的是很不可思議。

●「若無其事地確認」的態度

客戶分成「潛在客戶→感興趣的客戶→準客戶→顧客→常客→忠實客戶」以上這幾個階段。眼前的訪客可能不只是合作對象，還是會利用你們公司商品或服務的潛在客戶。

人們作為消費者在選擇商品或服務時，會有「既然要用，乾脆選平常對我不錯的那家公司吧」的想法，我認為這是人之常情。

請你跨越自己內心的高牆，試著像次頁圖那樣關心對方。

果斷開口詢問對方時的訣竅並非「我在做好事」的心情，而是**「我想知**

請問有什麼需要幫忙的地方嗎？
請問你要找哪一位呢？
請問是和誰有約的客人嗎？

用像在確認的態度詢問即可。

道對方的狀況」，以及若無其事地確認的態度。

沒被感謝也沒關係，被認為是多管閒事也無所謂。

就如同前面提到的那樣，重點在於不求回報的心態。

另外還有一點，你去拜訪合作對象的公司時，如果有人問你「請問有什麼需要幫忙的地方嗎？」**請不要隨口拒絕對方，給出「不需要」之類的回答。**

畢竟對方也是跨越了內心的高牆來向你搭話。

「我在等商品企劃部的〇〇先生，謝謝你。」**你只要能夠說出表達感謝的話語，就算是完美了**。

要是能夠變得即使面對會令人不禁感到慌張的場面，也可以從容不迫地做出回答，會是非常棒的一件事呢。

第2章

尊重「對方的高牆」的課程

你可以抓住跨越自己內心高牆的感覺後，接下來的課程是察覺到對方的高牆。

前輩員工偶爾會在上班日來找我說話，我雖然覺得開心，但話題要是一直延伸下去，心中難免會冒出**「你也看一下狀況吧」**的想法，想要快點著手處理工作。

不知道什麼時候該收手、做得太過火，都是侵犯到別人領域的例子。

就像自己的內心有高牆一樣，對方也有內心的高牆。

我們常常會不小心忘記這件理所當然的事。

然後有時會在不知不覺中讓對方感覺到隔閡。

如果說第一章跨越自己的高牆需要的是**「連結」**，那**「煞車」**的功能就是要讓我們去尊重對方的高牆。

不要認定「不來跟我開口是對方的錯」，而是要反省自己。

也就是我在「前言」提到的**「課題分離」**。

讓我們時時刻刻把自己視為主體，學會做出恰到好處的體貼行為吧。

自己的高牆 ❶

換掉「粗俗的話語」

即使是在私底下，也要有禮貌地對待客戶和商品。

● 聽的人「會覺得心裡不舒服的話」

你是不是也曾有過在想要和別人拉近距離時，**刻意說話比較隨便**的經驗？

這是在我去某家日式料理店吃午餐時發生的事。

那時店裡幾乎沒有空位，我聽到店員一看到我們，就在私底下互相討論「裡面塞得下嗎？」

我們在那之後吃到了午餐，但我悶悶不樂的感覺卻沒有消失。

人在工作上手了之後，有時會像那樣在不知不覺中不小心使用了粗魯的字眼。

「你**丟**一封信給客戶。」

「你負責把這個客訴**搞好**。」

「這是場很重要的商談，去給我**幹出成果來**。」

說出這些話的人可能是順勢就用了這樣的表達方式，然而聽的人通常會覺得不太舒服。

男性特別容易有這樣的狀況，或許是他們**誤以爲說話粗魯比較帥氣**也說不一定。

不要在私底下有另外的「講法」

剛才那些聽了會感到不舒服的案例的共通點，都是**「把人當作物品對待」**。

如果平時有這樣的想法，就會不經意地表現出傲慢的態度。

你要是在背後說客戶或商品的壞話，不知道公司裡外的人會怎麼說或怎麼看待你，這和大家不見得都會對誹謗或造謠表示贊同是同樣的道理。

不過你如果對對方的情緒過於敏感，講話又會變得拐彎抹角。

X 丟一封信。 → **O** 寄一封信。

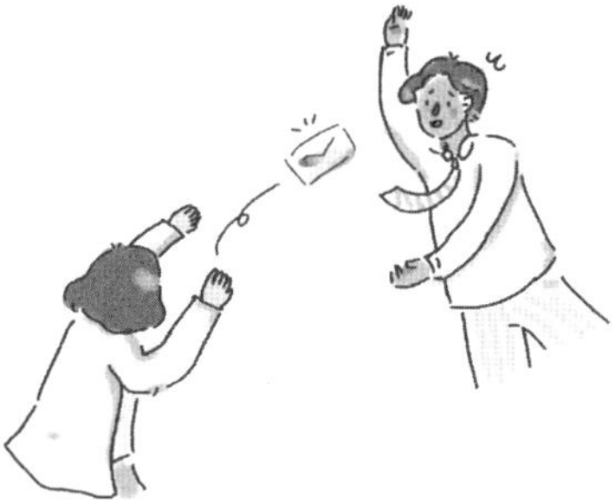

請改掉粗魯的措辭。

你在請同事做日常的業務時，若是像以下這樣拜託得太過謹慎，對方會覺得你很有距離感。

「我有件事想拜託你，如果做不到，你可以拒絕我沒關係……」

「真的很抱歉要增加你的工作，但是……」

你不需要每一句話都說得恭敬有禮，但請你**平時就要做到尊重與「客戶」、「商品」、「合作對象」有關的事物**。能夠表裡如一地仔細處理重要事務的人，會給人留下非常好的印象。

對方的高牆 ❷

不在自己的行動加上「不確定的話語」

直截了當地說出來，可以讓對方安心。

● 聽起來像藉口的「那句話」

我有時會在業務培訓的其中一個環節，觀察業務實際在用電話溝通時說的話。

確認業務有沒有把對方說的話聽進去，還有是否能夠做出對對方來說淺顯易懂的說明。

其中我最在意的是聽起來很像「工作做得很隨便」的措辭。

我會舉幾個例子，請你一定要唸出來看看。

「入庫前我**大略**做過商品檢驗了。」

「**總之**我先把資料寄過去。」

「我**暫時**先送一份報價單過去。」

尤其是內向的人很常用這種方式說話，那些因為自謙而使用的詞彙反而顯得缺乏自信，還會惹得對方不高興。

像這樣的措辭如果只出現一次，一般不會去在意，但它會在反覆提到的過程中漸漸造成對方的不愉快。

對方不可能相信只有「大略」做過商品檢驗的物品，「總之」、「暫時」聽起來也像只是想要在交貨前爭取時間。

這些話聽在對方的耳裡，無論如何都很像在「找藉口」。

對方聽完後會有種被你撇下，或者是與你變成對立關係的感受。

藏在「他說的話沒有錯，不知為什麼卻覺得很討厭」背後的真正原因，大多是這種帶有不確定性的遣辭用句造成的。

這樣的說話方式**會讓對方感覺到「隔閡」**。

●「肯定」是剛剛好的距離感

讓我們乾脆地去除聽起來像在找藉口的措辭吧。

「入庫前我做過商品檢驗了。」

「我先把資料寄過去。」

「我先送一份報價單過去。」

就像這樣，**與自己行為有關的事都要肯定地表達**。

既然是你要做的事情，你儘管直截了當地說出來。只要試著站在聽者的立場，你就能明白不需要不確定的話語。

首先請你先有自己已經習慣那樣說話的自覺。

當你說話時越少用「不確定的話語」，你本身給人的印象將會有所改變，對方對你的態度也會變好。

即使只是一句話也要留心，不要使用會讓對方「覺得有距離感的用詞」。

你說得肯定，對方也會放心。

對方的高牆 ❸

看著鏡子，消除「不要跟我說話的氣勢」

「要怪就怪不來跟我開口的人！」是相當錯誤的認知。

主管與下屬的認知落差

「你為什麼不早點來找我談……？」

如果你的立場是主管，應該曾有過這樣的不滿，又或者在你還年輕時可能遇過很難找主管商量的情況。

會那樣的理由大多是心理層面的問題，比方：

「主管看起來很忙，所以錯過了商量的時機……」

「感覺會被罵『竟然連那種事情也不懂』……」

看來人**比自己想像中的還會散發出「不要跟我說話的氣勢」**。

有些在下屬中堪稱榜樣的人在「要找主管商量困難的事情前，會先過看主管一天的行程表，找出主管心情應該不錯的時機」。

這種做法或許也是待人處事的技巧，但不是很有意義的能力，把力氣用在其他地方會更好。

事前防止自己看起來「心情不好」

營造出隨時歡迎搭話的氛圍，對當主管的人來說果然是很重要的一件事。

要避免自己擺臭臉的方法很簡單。

請你在桌上放一面鏡子，當你散發出「不要跟我說話的氣勢」時，通常臉上的表情都很嚇人。

只要擺上一面鏡子並用餘光觀察，你就能注意到自己的表情。

某位領導者發現自己在工作時比想像中還要會眉頭深鎖，我聽說他因此意識到自己的視力變差，在重做一副眼鏡後，他的表情變得柔和許多。

我這麼說不是要你「永遠保持笑容」。

只是希望你採用這個方法，讓自己偶爾在認真工作時能突然想到要讓表情放鬆一些。

此外在你**身體不舒服的日子，或者是快到交期的緊迫時期，建議你可以**

先把時間範圍告訴周遭的人。

只要你先說明「我今天一天都抽不開身，有什麼事情請寄電子郵件給我，我之後一定會回信」，下屬也就能隨時寄信給你。

請你先在事前防止自己會看起來心情不好，這樣一來對方面對你時的內心高牆也會變矮許多。

●就算「隔著螢幕」也要看到自己的臉

接下來我想要介紹諮詢比例增加的「線上會議」的案例。

我們在開會或發表時，一定會去琢磨發言的內容。

不過在開線上會議時，你在對方眼裡「看起來的樣子」也是重要的元素。

線上會議中特別顯眼的，莫過於因為光線不足或逆光而導致**「臉看起來很黑」**的參加者。

你散發出的氣勢比想像中的還要強烈。

不管他的發言有多出色，人都很難對看不到表情的對象產生信任感。

而且「看不清楚臉」的狀態也會妨礙對方集中精神。

如果情況允許，請你準備線上會議用的補光燈，**你也可以移動到光線良好的地方或有陽光照進來的窗邊**，光是這樣效果就會十分顯著，完全能讓你的臉被清楚地看到。

● 基本上要「露臉」參加

除了看得到臉之外，如果你能用「表情」或「點頭」、「拍手的動作」等透過視覺展現出「參與感」，對方也會覺得放心。

只不過動作要是做得太大，在畫面上會造成干擾。

某位演說家老師曾感嘆地說道：

「大力點頭的人多數都是在對講者做出『我有在聽的表現』。後來我向他們確認，發現他們並沒有把內容聽進去……」

請不要把點頭變成了你的「目的」。

在線上會議打開鏡頭「露臉」這件事，可能會獲得褒貶不一的評價。

每個企業的狀況不同，有的企業認為露臉會害連線變慢，是NG的行為，但要是能自己作選擇，請以「自己被那麼對待的感覺」作為基準來採取行動。

我個人覺得看得到臉會比較好，因此我都會果斷地「打開鏡頭」參加會議，假如你和我一樣，請你以後也自己主動選擇「露臉」。

對方的高牆 ❹

給來找你商量的人「椅子」坐

從旁人的角度來看，說不定會覺得你的態度高傲。

●「只有自己站著」的突兀感

被主管叫去，然後站著講了很久的話。

這應該是每個人都有的經驗。

就算不是被主管叫去，而是去找同事商量一下事情，也很容易演變成一個人坐著、另一個人站著的情況。

如果對方在「這件事感覺會講很久」時，

隨口對你說：

「坐著講吧。」

「那張椅子給你坐。」

你一定會覺得非常開心。

即使站著的當事人不在意，**從旁人的眼裡看來也會像是你讓對方站在那**。

能夠察覺到只有自己是坐著的狀況，若無其事地請對方坐下是真的很棒。

●尊重來找你商量的「對方內心的高牆」

假如後輩或同事來找你商量事情，請一定要給他們旁邊的椅子坐。**同樣的視線高度可以帶給對方安心感。**

也能夠展現出「我這個當下正在專心聽你講話」的聆聽態度。

有時候可能也會發生你手上有快到截止日期的工作，或者是沒辦法馬上陪對方商量的情形。

這種時候請你告訴對方：

「可以等我十分鐘嗎？我等等去找你。」

「我現在有大約五分鐘的時間，你可以接受嗎？」

此外你在接受諮詢時，要讓雙方都在做好準備的狀態。

那些來找你商量的人應該也是算準時機和篩選過用詞，跨越了自己內心的高牆。只要想到這一點，想必你也無法給出「讓對方一直站著聽你說」、「因為很忙所以拒絕對方」的回應。

在給出建議前，先給對方一張椅子吧。

另外就是在給別人建議時要適可而止。

請避免因爲講得太高興，變成在開賣弄知識大會。

對方只是想要獲得簡單的建議，要是把話題擴大到很少會發生的假設性問題，勢必會讓對方聽得很累。

詳細內容我會在後半做介紹，不論是給回饋還是給意見，「簡短」都是鐵則。正因為有在發生緊急狀況時可以諮詢的前輩在，年輕人才能悠然自得地工作。

對方的高牆❺

在「十五分鐘前」抵達目的地

光是早一點抵達，內心的從容程度就會大不相同。

不要再「壓線趕到」

我們常會聽到「服裝儀容很重要」這樣的建議。

應該沒有比這個更基本的事情了。

不過就算是平時會留意服裝儀容的人，也會有不小心失態的瞬間。

那就是**「去拜訪顧客的時候」**。

一般的商務禮儀都會要求在約定時間的五分鐘前抵達目的地。

可是你如果以五分鐘前到為目標，只要發生任何一點麻煩，時間就會變得非常急迫。

對方絕對看得出來你是壓線趕到。

原因在於**倘若季節是夏季，你馬上會汗如雨下，而且假如你是用跑的，一定喘得上氣不接下氣，頭髮和服裝也遠比你想像中的還要凌亂**。

與累積了多少工作經驗無關，永遠都會有發生這種狀況的人，甚至有些遲鈍的人還誤以為急忙趕來是加分的表現。

●「讓對方替你操心」是最大的失敗

如果你是站在迎接對方的立場，你會比較放心把工作交給「渾身是汗拚命趕到的人」，還是「服儀整齊且冷靜沉著的人」？

答案很明顯是後者。

所以建議你去拜訪別人時，要在「十五分鐘前」抵達目的地。**至少留下夠自己在附近車站或便利商店化妝室裡檢查儀容的時間。**

我以前曾經多次與業務同行，**那些厲害的業務現身時必定是儀容整潔**。因為他們知道打扮整齊得體可以帶給對方「安心感」。

反過來說，要是慌慌張張地抵達現場，又會發生什麼事呢？

「我去拿冰涼的飲料來。」

「我把冷氣的溫度調低一點。」

流汗並不是加分的表現。

諸如此類，**變得對方需要替你操心**。

這樣對方「內心的高牆」是不會變矮的。

想要自然地進行商議或討論，請你一定要做到「在十五分鐘前抵達」和「檢查服裝儀容」，讓自己能夠從容不迫地說話。

對方的高牆❻

寫「方便對方回信」的電子郵件

對方是否會回信，取決於你是否體貼。

讓「問題」變得容易閱讀

你是否有在尊重對方，可以從你有沒有考慮到對方的時間看出來。這點尤其會**表現在你有沒有體貼地去處理「電子郵件的內文」上**。

「電子郵件上明明寫了好幾個問題，卻只得到一部分的回答」是常見的煩惱之一。

遲鈍的人會下意識地斷定「沒有仔細閱讀是對方的錯」，但事實並非如此。我們不要單方面認定百分之百是對方的錯，而是試著從寄件人是否不夠體貼的角度來思考看看。

假如你打電話去詢問過的餐廳寄了以下內容的電子郵件給你，你會有什麼樣的想法？

「麻煩您再次寫下您想要預約用餐的日期和時間、用餐人數、小孩人數、用餐的目的，並在三月十五號星期二之前通知我們。」

你的感受如何？

你有辦法只看一次就一口氣回答所有的問題嗎？我肯定會忘記寫到其中一項。

漏寫答案不只會增加電子郵件往返的次數，也會造成彼此的負擔。

什麼是「會讓人不禁想要回信的電子郵件」？

這種時候，像左邊的電子郵件那樣寫成**「條列式」會很有成效**。

條列式有防止對方漏回答的效果。

收到這樣的電子郵件會讓人想要逐一把空白處填滿，**透過減少對方的負擔來降低回信的難度**。

這也是尊重對方高牆的案例。

此外要是在（括弧）裡面放上範例，對方通常會照著模仿，能連那樣的細節都補充上去就會很完美。

好的電子郵件寫法

麻煩請您回答以下三個問題。

1. 預約的日期與時間：　月　號（星期　）
2. 用餐人數：　大人　名
   （若有小學生以下的孩童，請另外知會我們有幾名小孩。）
3. 用餐目的：（例如慶生）

※ 請您在三月十五號星期二下午六點前回信。

把內文寫成只要填空即可回信的形式。

順道說明一下，想要強調的地方用「紅字」表示是ＮＧ的做法。

我們寫到截止日期和禁止事項常會習慣把字用成紅色，但那麼做會**讓收件者有種「被疏遠的感覺」**。

即使是容易流於公事公辦的電子郵件內文，也請你以「自己被那麼對待是否會覺得開心」為判斷基準，把它寫成能夠跨越彼此體貼高牆內容。

第一部「跨越自己的高牆的課程」與「尊重對方的高牆的課程」到此結束。

你或許會覺得「原來這麼簡單」，但也很訝異「我竟然連這麼簡單的事情都沒有做到……」**其實反過來想想，光是做到這些就很足夠了**。

我接下來將以到目前為止的內容為基礎，在第二部傳授五個體貼的訣竅。

請你在認同自己做出的每一個行動的同時去做出改變。

第2部

體貼的「五個訣竅」

第1章

降低作決定的難度

——「限定」的訣竅

「限定」是能夠讓對方從做決定的壓力中獲得解放的體貼。
我們每天從早上起來到入睡為止，需要不斷地作決定。
也有一句話就叫做**「決策疲勞」**。
比起從有一百個選項的午餐菜單裡作選擇，從三個每日定食裡挑出一個會輕鬆許多。討論時如果要選出候補方案，先縮小範圍到三個左右可以縮短思考的時間。
當你想要告訴後輩和下屬事情時也是一樣，只要先限定好範圍，就不會讓對方有不知該怎麼做的壓力。
舉例來說，你因為想要知道正確答案而去諮詢，主管或前輩卻告訴你「那樣或許也不錯」，聽起來像是還有其他更好的選擇。
但你其實是希望對方能果斷地回答**「就那麼做」**。

最近年輕一輩中「不想出人頭地」的人變多了，
我認為這和覺得**「那樣要擔的責任會變重」**、**「我不想讓別人覺得我在職權騷擾」**，傾向不把話說清楚，且在下達指示和給意見時會在語尾加上模稜兩可說法的人變多有關。
可是**能夠明確做出「限定」的人，信任將會隨之而來**。
讓我們刻意學會「限定」的體貼吧。

限定❶

用一句話把問答環節的「難度降低」

用你的一句話來改變問不出問題的「尷尬沉默」吧。

「有什麼要問的問題嗎？」的高牆

「提問時間」是人在商務場合上會受到壓力的瞬間之一。隨著你的資歷越來越深，擔任會議或研討會主辦方的機會也變多。那些會議在最後一定會有問答的環節。

我也曾在培訓中間的空檔問過好幾次「有人有問題要問嗎？」不同的公司和部門，以及不同的年齡層會有各式各樣的反應。

日本人一般來說**不擅長在人前發問**。

聽說就連大學在上課時，提問的也幾乎都是留學生。我剛到美國留學時，也被學生們在所有課堂上接二連三舉手發問的樣子震驚到了。

不過我在每天舉辦培訓課程的過程中，感覺到大家就算在問答環節沒有舉手發問，還是有很多**「隱藏的提問者」**。

每次培訓結束後，都會有人來問我「方便請教妳一下嗎？」

我問他們為什麼不在其他人面前發問，得到了以下的回答：

「因爲別人可能會覺得這是個笨問題……」

「怕人家覺得我多嘴，我不好意思問……」

我們沒辦法提出疑問時，有時確實與感受到自己內心的高牆有關。

然而一旦換我們自己當上了主持人，反倒會覺得**「隨便什麼問題都好，希望有人能提問」**。

要是沒有人提問，我們通常會焦急地想辦法化解窘境，到最後多半都會用「那各位如果有問題，請之後再寄信問我」收尾，草草結束掉這個環節。

「巧妙地推動氣氛」是比「指名」更好的做法

這種時候可以派上用場的體貼就是限定問題的範圍。

「大家有沒有覺得**『不好意思問』**的問題？」

「大家有其實之後想要**『Google 看看』**的問題嗎？」

像這樣限定問題的範圍，參加者會比較好提出問題。只要有一個人開始問問題，其他人也會接著舉手發問。

時不時會看到不斷呼籲「問什麼問題我都會回答喔」、「大家不用客氣，有沒有人有什麼想法呢？」等等的人。

假如這樣還是沒有人提問，有的人還會說出**「那麼，○○先生，你有想要問的問題嗎？」**強行指名某個人，跨越了對方內心的高牆。

如果自己被這麼對待不會覺得開心，請不要這麼做。

只要提出限定範圍的問題降低參加者提問的難度，就不需要因為參加者不舉手發問而不知所措。

請在會議或簡單的討論中試試看這個方法吧。

限定❷

用問「有沒有什麼問題？」以外的方式確認狀況

「我有問題」不是那麼容易說出口的話。

有意義的確認方式、沒有意義的確認方式

職場上需要員工互相確認彼此的狀況。

曾經有一家企業因為工作性質和離職率的煩惱來找我諮詢。那家企業為新人準備了充實的培訓課程，培訓完後也會讓每一位新人有負責帶他們的人，在頻繁地確認狀況的同時培養他們，但卻會發生新人在好不容易能獨當一面時提出辭職的情況。

我想所謂的確認狀況並不是「有做就好」，而是需要細微的體貼。

你還是新人時，別人用什麼方式確認你的狀況你會覺得開心呢？

你腦中馬上浮現的常見問法應該是：

「有沒有什麼問題？」

「那個工作還做得來吧？」

在真的想要確認工作是否有進展時，這些都是沒有意義的確認方式。

理由是**人會想要假裝自己「沒有問題」**。

說出「不，我有問題」需要勇氣。

人不希望別人覺得自己能力差，對方都已經教過自己了，要是不回答「沒有問題」，會讓人覺得很愧疚。

光是「有沒有什麼問題？」的問法，就帶有認定對方「你一定沒問題吧！」的壓力。

●用「再深入一步」的方式確認對方狀況

在確認對方狀況時的體貼，是準備好除了「有沒有什麼問題？」外不同版本的問題。

請你試著用能讓對方發言的開放式問題來確認狀況，不要只使用能透過「是或不是」做回答的封閉式問題。

例如：

「目前的進度到哪了？」

「你現在在做什麼？」

像這樣再深入一步後，有時對方會說出「其實有件事讓我很困擾……」開始找你商量。事情進展到這，終於能形成「別人向我確認狀況讓我覺得開心」的回憶。

不過**切記不要咄咄逼人，最多只能深入一步**，這樣才是剛剛好的體貼。

我在當上班族時，有位非常擅長確認別人狀況的同事。

她確認後輩狀況的方法是：

「請你在今天下班前準備三個問題問我。」

她提出這個問題後，尤其是在新人的階段，就能讓對方在執行業務時把應該要問的事情放在心上。請你千萬不要再用「有沒有什麼問題」這種沒有意義的問法去確認狀況，而是使用限定範圍的確認方式。

限定❸

想清楚地表達時要使用「肯定」+「補充」

任誰都會對下達命令時「感覺很高傲」的態度心生抗拒……

閒聊和命令有所不同

有很多人都會誤以為「不要把話說清楚是體貼的表現」。

在日常生活或閒聊等情況，把心中想的事情全都一五一十地說出來確實可能會惹人嫌。

只是在工作的場合上，有時會發生因為沒有把想傳達的事情說清楚而造成問題的案例。

自己的本意是要下達指令，但對方若是理解成「不做也沒關係」，工作將會沒有任何進展。

像這樣的場合，**「肯定地表達」才是體貼的表現**。

不知道從什麼時候開始，不願意把話說得很肯定的人變多了。

其中一個例子就是說話時會用以下的方式斷句：

「雖然……」、「可是……」、「不過……」

平時閒聊講得模稜兩可也就算了，但在下達工作的指令時請避免使用這樣的表達方式。

「這個可能要在明天之前做完。」

如果你用這樣的方式來表達，懂得察言觀色的人會心想「這要在今天內做完」，趕緊開始工作，然而**遲鈍的人說不定會理解成「明天下午再來慢慢做就好了」**。

「出差旅費的核銷可能要去問會計部會比較好。」

就算沒有其他選項，還是有不少人會像這樣使用「可能」這個詞彙。

這種表達方式通常會**引發「有說過還是沒說過」的爭議，造成雙方的壓力**。

你給人的印象取決於肯定地表達後的反應

想要清楚地把事情傳達給對方時，請你「把話說得很肯定」。

透過比「限定」更強烈的「肯定」，**讓下屬或後輩果斷地採取行動**。

「這我明天之前要，你有時間處理嗎？」
「請你直接去問會計部。」

請你傳達出那是工作上最需要優先處理的課題的「肯定感」。

話雖如此，內向的人或許不擅長把話說得很肯定。

這種時候請你試著在最後加上「補充」。

比方當你像前面那樣肯定地把話說完後，可以追加以下這句話：

「如果有不明白的地方，歡迎隨時來問我。」

藉由補充類似的話語，你把話說得很肯定所建立的信任感上，將會再多增添一份安心感。

這樣一來不只是下達命令的語氣會變柔和，還能避免給人留下不好的印象。

限定❹

用「好」+「句子」明確地做出回答

你必須回答得比想像中的還要仔細，才能夠讓對方了解。

●附和的「是的」與肯定的「是的」

我們每天的溝通其實意外地會帶來壓力。

即使只是簡單的回覆，也能體現出體貼的差異。

假設你正在處理某項業務，需要問對方問題來做確認。

「需要變更時，只要在前一天聯絡就可以了嗎？」

「是的。」

你的感受如何？如果對方只有這樣回答，會讓人不確定這個「是的」是表示他有聽到還是在回答問題，開始擔心是不是真的前一天聯絡就好。

問的人會想以防萬一再確認一次「確定前一天聯絡就好嗎？」

倘若你變成站在相反的立場，應該也會萌生「我都已經回答了卻還是被反問」的想法。

那種情況下大概也給不出好的回覆。

其實回答時的「是的」，有分成附和的「是的」和肯定的「是的」，人會做出附和的反應，為的是表示自己有在聽對方說話。

可是有時我們會把附和的「是的」理解成肯定的「是的」，或是反過來把肯定的「是的」聽成附和的「是的」，造成雙方的誤會。

因此有必要多加留意回答的方式。

●用「句子」回答即可變得明確

為了傳達肯定的「是的」，我們可以用「句子（句法）」來回答，告訴對方具體的內容。

只要用「是的，沒錯」、「是的，請在前一天聯絡我們」的方式回答，對方也不需要再反問回來。

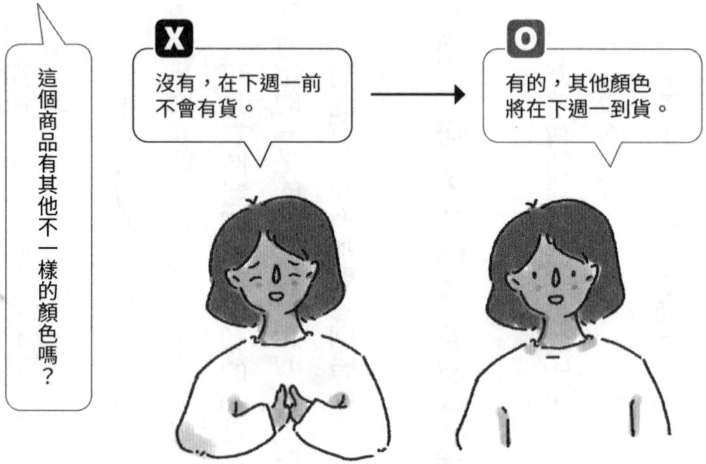
這個商品有其他不一樣的顏色嗎？
X
沒有，在下週一前
不會有貨。
O
有的，其他顏色
將在下週一到貨。

只要肯定地表達，就能引發肯定的反應。

此外在反過來傳達「不是」的場合，也要用句子來表達。

當你像上圖那樣從「肯定句的句法」切入，而非用否定開頭，就能讓內容變得簡單易懂，後續的對話也會比較好進行下去。

不過因為罪惡感而說個不停是NG的行為。

「之前還有庫存，但早上賣完了，如果是其他尺寸還有現貨……假如您願意等到下週一，到時將會進一批新的貨。」

話要是說得過於冗長，聽起來會像在找藉口。

請你先明確地傳達「確定的事」，再接著用句子做出回答。

限定❺

回覆即時通訊的訊息時要「乾淨俐落」且簡潔

你想得越久，容易把文章寫得越長。

●即時通訊工具是「沒有規則的世界」

即時通訊在這幾年加入了我們的溝通工具行列中。

隨著通訊方法變得多樣化，似乎有很多人不知道該把各種即時通訊用於什麼目的或如何使用。

像電子郵件在問候方式等已有既定的禮儀，也有前文、正文、後文這樣的基本文章結構。

相較之下，**發展歷史尚淺的即時通訊工具在不同的企業裡，會有形形色色的使用方式和規則。**

有的人會覺得「我用即時通訊傳了資料過去，結果對方只有按一個讚，好沒有禮貌」。

也有人認為「明明是即時通訊，卻寫了一長串『如果您有注意到任何問題，歡迎隨時與我聯絡……』實在很奇怪」。

每個人的感受不一樣，會不知道該怎麼做比較好是正常的事。

可以試著用比電子郵件輕鬆的方式互動

即時通訊重視乾淨俐落，基本上以「簡短」為主。

即時通訊是專門為迅速溝通所開發的工具，不需要像電子郵件那樣先問候或有過多鋪陳的話語。

在群組中如果只是想表達「我已經看過了」，直接按聊天室表情符號是比較合理的做法。

若是所有人都送出「謝謝」、「我知道了」的訊息，原本的訊息會移動到上方，變得很難確認。

與電子郵件的內文相比，即時通訊更適合輕鬆的互動。

不過根據對方的年紀和溝通目的不同，也有需要用訊息來回覆的情況。

假設有個後輩向你提出「請務必讓我參考一下你做的資料」。你用即時通訊傳了自己以前辛苦做出來的資料給那位後輩。這時他要是只回覆你「讚的表情符號」，你多少也會感到不太舒服吧？

想要辨識出什麼時候需要用訊息回覆，就必須思考**「對方是否有付出勞力」**。

對於對方花時間思考或製作出來的東西，請你有禮貌地回覆。

此外，要是遇到必須用長文來仔細回覆的情況，請你在即時通訊上告訴對方：

「由於回覆的內容會很長，我稍後用電子郵件寄過去。」

然後換一種工具來用即可。

話雖如此，人的感覺和工具都在不停進化，幾年後我或許也會有不一樣的說法，但「自己被那麼對待會覺得開心」，是你感到猶豫時最強的判斷基準，這點應該永遠都不會改變。

限定❻

利用條列式節省對方的時間

收到整份直接寄來的資料，不管是誰都不會想要看。

●收電子郵件時的壓力

我們平常會在電子郵件中用到的條列式，也能起到限定的作用。

接下來讓我們用更體貼的方式活用本書在前面介紹過的「條列式」。

比方顧客寄了一封電子郵件來，表示「如果有今天在線上會議介紹到的商品資料，希望您能寄一份ＰＤＦ檔給我」。

一般人大多數的時候都會在信中寫道：

「已隨信附上您今天看過的資料。

若有任何疑問，請隨時聯絡我。」

然後上傳附加檔案或貼上該網址回信。

只是那份資料要是有好幾頁，**對方就得花時間去找他要的部分**，對對方來說意外是個麻煩的程序。

因此為了讓對方盡快找到他要的資訊，你可以限定出對方要的頁數和區塊，以條列式的方式呈現。

成品會像左圖的電子郵件內文，這樣的做法應該可以**讓收到電子郵件的人節省三十秒左右的時間**。

這是只要多下一道工夫就能讓收信的人壓力變小，覺得「你真貼心」的方法。

●不要寫得太冗長，而是用「條列式」讓內容簡潔清爽

我順道示範一下，不用條列式去寫同樣內容的結果如下：

「即刻隨信附上資料。

關於您想了解的商品A，會在附件資料的第四頁，至於商品F則是在第五頁，供您參考。若有任何疑問，請隨時聯絡我。」

好的電子郵件寫法

隨信附上您今日看過資料。

此外，會議中介紹過的產品在以下這幾頁。

・商品 A：第四頁

・商品 F：第五頁

若有任何疑問，請隨時聯絡我。

你看完有什麼樣的感覺？不僅重要的資訊被淹沒在冗長的文章中，參考起來也不方便吧？

要是對方感受不到你特別展現出的親切，跟沒有展現是一樣的。

條列式的優點在於一目了然。

能夠讓對方在確認或閱讀時不用花太多時間和感到負擔，才算得上是真正的體貼。

限定7

用電子郵件表示歉意時，只在「開頭」和「結尾」道歉

不是不停道歉就好，要讓內容有強弱差異。

「拚命道歉」令人疲憊

在寫電子郵件時，「道歉」通常是更需要有所顧慮的情況。

即使是平時會用短文乾淨俐落地回信的人，在得要道歉時想必也會反覆審視內容並推敲寫法。

我常看到的是以下這種類型的道歉信。

「這次造成您的困擾，真的是非常抱歉。

由於適逢週末，對於回信晚了一事我們也深感抱歉。

經過調查，關於您先前詢問的事情是我們漏確認了。對不起，給您添了那麼大的麻煩。我們真的感到非常抱歉，請讓我們為您處理退費。」

因為太想表達歉意，信中**使用了四次「道歉的措辭」**。

導致對方「真的想要知道的資訊」被淹沒在其中。

像這樣的電子郵件會造成讀的人很大的負擔。
表達歉意雖然很重要，但「拚命道歉」不是好的做法。
讓我們默默去除掉多餘的道歉吧。

夾帶重要的資訊道歉

電子郵件與電話不同，特徵是能用視覺去理解對方的話語。
在由前文、正文、後文構成的電子郵件中，可以透過只把道歉放在開頭和結尾來達到剛剛好的平衡。
請像左圖那樣限定道歉只能出現在前文和後文。

你或許會覺得兩次不夠多。
但**對方真正想看的是「事實查核」**的結果。
既然如此，告訴對方解決問題用的資訊理應也和道歉同樣重要。

好的電子郵件寫法

（前文）這次造成您的不愉快，真的是非常抱歉。

（正文）向您報告給您帶來不便的事情經過。

（寫下原因、對策、防止再次發生的方法。）

（後文）報告到此結束。

無法回應您的期待，我們實在感到非常抱歉。

把相關資訊夾在前後的道歉內，可以讓對方感受到你誠懇的態度。

前面做得太過火的道歉信，給人一種你是為了讓自己感覺好過一些而道歉的印象。

「我感到非常抱歉」要是講得太多，反而會讓對方需要去顧慮你的感受，也就是讓對方築起內心的高牆。

正因為想要道歉的心情很強烈，更要限定只能在開頭和結尾表達歉意。

第2章

讓對方有心理準備
——「預告」的訣竅

人在突然被要求去做某件事情時，會感受到壓力。

「預告」是能夠讓對方從那種壓力中獲得解放的體貼。

「接下來要隨堂考」、

「假裝不知情來套對方的話」。

像這樣**測試別人的行爲一般會被對方討厭吧？**

就算不帶有惡意，要是晚上突然有電話打來，

然後告知你「你明天一早來會議室一下」，

你心裡應該也會很在意又很緊張。

因為擔心而滿腦子都在想：

「是有緊急案件嗎？」

「我做了什麼事嗎？」

假如對方不是用這種做法，而是事先通知你**「你明天可以告訴我○○的事嗎？」**你就能在腦中先想好要講的話。

每天的工作不是考試。

若是無法作好心理準備，通常沒辦法發揮本來的實力。

請你學會「預告」的體貼，下意識地避免造成那樣的狀況。

預告 ❶

先詢問對方「我現在可以打電話給你嗎？」

沒有留下語音的未接來電最令人焦慮。

電話是「關鍵時刻」用的手段

認為「電話是時間的小偷」的想法漸漸變得普遍。

電話有種被視為惡人，其他通訊手段在後面追得它走投無路的感覺。

寫出這句話的我在溝通時也是以社群網路為主，私底下幾乎不會講到電話。

但也正因為是這樣，我覺得使用機會變少的電話**「也有最適合用它的情況」**。

比方遠距工作的過程中，擔心某位組員的狀況時。

假如想要詢問對方是不是發生了什麼事，很多人可能會選擇順手使用即時通訊或電子郵件。

只是我們往往能不假思索地打字聯絡與緊急業務相關的事宜，卻會在想要稍微確認對方狀況時**花很多時間篩選用詞**。

而且對方的回信也是文字，所以**很難察覺到微妙的變化**。

再加上本來就會定期開一對一的會議，要是特別提出要進行面談，對方一定會以為有什麼要事而心生防備。
這毫無疑問是必須要跨越自己內心高牆的瞬間。

電話也是「關掉攝影機的工具」

這種時候建議使用只有用聲音溝通的工具，也就是電話。
不過你在打電話給對方前，絕對要向對方做出「預告」。
請你先利用即時通訊或電子郵件像以下這樣知會對方。
「我想和你用電話聊一下，下午三點時方便嗎？」
讓對方有心理準備是很重要的體貼。

儘管如此，講電話對年輕人來說可能還是難度很高。

如今線上會議已經變成常態，既然是這樣，**倒不如把電話形容成和「關**

冷不防地打電話過去
X
突然有電話打來……
事前先寄電子郵件
O
他之後會打電話來

請事前通知，讓對方有心理準備

掉攝影機所以看不到臉的線上會議」是一樣的概念。

只要這樣形容給對方聽，對方也會覺得心理的負擔變小許多吧。

假如你的下屬或同事是自己一個人住，或許會有一整天下來「只有在便利商店與店員交談」時進行過對話的情況。

考慮到這個層面，你應該可以明白預告後再打電話也是一種體貼的表現。

預告❷

在會議前告訴對方「我會請你發言」

大家都不是天才，沒辦法立刻想出好點子。

●「準備」占了會議的九成

在進行會議時，預告也能夠減輕參加者和自己的壓力。

我從擅長主持的主管身上學到「準備占了會議的九成」這件事。

他總是會在白板上一邊寫下意見一邊讓課題變得明確，並在獲得參加者的認同後做出總結，甚至還會在會議結束時統整好下次要討論的議題。

看著他的身影，我一直想著自己總有一天也要像他一樣。

「掌握會議的主題和目的」、

「事先寄會議議程給參加者」、

「告訴參加者要帶著意見來開會」等等，

他會用的技巧有好幾個。

其中做起來十分簡單且令我意外的是**「確認參加者名單」**，據說他會以此為基礎**「決定成爲第一個發言者的人」**。

原因在於第一個人的發言經常會左右後續會議討論的方向。

假如一開始從負面的意見討論起，之後發言的人也會受到嚴厲意見的影響。

當然他這麼做並不是希望會議中只有正面的意見。

這個體貼的安排只是因為想要讓所有人都能自由地發表言論，才不把可能會說出容易對他人造成影響的強勢發言的人放在第一個。

●點子沒辦法一下就想出來

為了跨越自己內心的高牆，請你事先看過參加者清單，找出能夠成為氣氛緊張的會議救世主且**「感覺會說出中立言論的人」**。

然後建議你可以事前預告參加者自己是那天的主持人，並告訴對方**「我等等會請你發言」**。

這樣一來所有組員都會準備好各自的意見參加會議。

會議的種類很多，但我很少在日本的會議現場看到有人當場想出好點子。

盡量避免強迫別人發言。

果然還是要每個人都**各自帶著事前思考過的結果來開會，才能有高品質且有生產力的內容**。

因此事前的準備很重要。

另外有的主持人會在負面發言出現時，主動刻意說出正向的發言，或者是積極地挑出同意自己觀點的言論。

這個行為就如同在對周圍的人築起高牆。

主持人需要做的只有讓大家提出意見和總結意見。即使是有一大群人在的時候，也請你要展現小小的體貼。

預告❸

事先做好會議的「腳本」

如果你覺得「這場會議的氣氛可能會很沉重……」，請事先做好準備。

●人多的時候會發生的「惡性循環」

只要身在組織裡，就有可能需要負責主持氣氛估計會很沉重的會議。比方連續銷售業績不佳，或者是問題報告會議等等。

「逼問改善對策的主管」→「無法給出完整回答的員工」→「一陣沉默」→「再次咄咄逼人的主管」……

要是遇到了這樣的「惡性循環」，會讓人既不知道要怎麼插話，也找不到插話的時機，只能像在祈禱一樣，默默等待主管停止追問。

不過當你的工作資歷已經深到可以勝任主持人，我想你光看會議議程**就能想像得出來會被逼問的主題和人**。

這時你會需要準備一份「會議腳本」。

我認識一位即使在主題沉重的會議中，也能讓會議順利進行的年輕業務領導者，他和我前面介紹的主管同樣說過「會議取決於事前準備」。

為「沉重的氣氛」做準備

讓我們以他的話為基礎，學習如何順利地主持會議吧。

接下來我會以業務報告會議作為例子。

領導者A先生的團隊業績不理想，但A先生本人卻沒有準備好任何對策。

A先生絕對會被上面的人追究。

這時你和A先生討論好後，在會議現場提前說出了以下這句話：

「接下來是A先生的報告，A先生表示希望能在今天的報告中獲得大家的意見。」

這樣聽起來就像A先生是為了想要妥善處理而報告，不是單純在做結果報告。

只要寫好腳本，會議就能順利地進行。

最終A先生不僅免於被上面的人追究，還變成能夠獲得其他領導者建議的立場。

會議的氣氛因此變積極了。

就像前面這樣，他預設現場氣氛會變得很沉重，於是準備了「腳本」參加會議。換句話說，這個腳本成了給A先生的預告。

在這種時候如果是做得太過頭的人，在發現A先生這樣的人後，甚至會陪他一起思考業績不佳的改善對策。

我可以理解時間很多的人會這麼做，但思考改善對策是A先生的工作。

對方高牆的另一邊，是對方該去思考的事情。

預告 ❹

討論和會議都要訂好「結束的時間」

若是看不到終點，沒有人有辦法繼續跑下去。

●看不見終點的「尷尬狀況」

有時對方不小心聊得太忘我，會讓人擔心「要聊到什麼時候才會結束？」如果是朋友之間在聊天倒不是問題，然而若是在工作的場合，要開口說出「我差不多要去赴下一個約了……」很需要勇氣。

為了消除對方這方面的壓力，在討論或會議開始時，先預告**「我們今天進行到下午三點就結束吧」**，也是一種體貼的表現。

尤其公司內部開會時，你應該經歷過好幾次「奇怪？上一組人還在使用會議室……？」的情境。

假如房間裡面只有公司內部的人也就算了，在有客人來訪的情況，你也不能敲門把裡面的人趕出來。

為了避免這樣的狀況發生，「確認下一組使用者」是必做的程序。

如果是更機靈的人，通常會事先把有幹部參加的會議使用的房間，以及前後預約的使用者有訪客的會議室排除在候補名單之外。

還有要是前一組的會議預計有多人參加，也不會在候補名單之內。因為多人會議結束後其實意外地會有人在現場拖拖拉拉，不僅散場要花上一些時間，也需要留時間讓空氣流通。

請你一定要確認你們使用會議室時前後的預約。

●在輪到下組使用者的「五分鐘前」結束會議

如果是要接待重要客人的預約，最晚要在「十五分鐘前」確定房間可以使用是比較保險的做法。

你們在使用時，要是能在下個預約的「五分鐘前」結束會議就完美了。

請你在討論或會議開場時預告「今天會在下午兩點五十五分結束」，讓參加者也能協助配合。

X
不知道結束的時間……
會議什麼時候才會結束？
O
知道結束的時間……
下午兩點五十五分會結束。

請事先告知結束的時間。

說個題外話，我在使用會議室時，有時會看到每次都自己帶除臭噴霧來的人。

我瞬間心想「原來還有這一招」，打算參考這個做法，但我想到自己要離開會議室時如果看到對方帶著除臭噴霧來，肯定會覺得很受傷，所以最後選擇作罷……

為了減少別人做出那種多此一舉的體貼行為，所有參加者都把「五分鐘前」結束視為理所當然是很重要的事。

預告❺

透過提醒來防止「誤會發生」

我可以篤定地說，提醒的電子郵件絕對不會讓對方感到困擾。

●不要認為「對方應該知道吧」

和公司外部的人溝通時需要做出更體貼的預告。

舉例來說，你或許也曾在用電子郵件溝通的時候，犯下和下面這個例子一樣的錯誤。

在某間企業裡，有名員工對客人提出的疑問給了以下的回覆：

「我會在確認完畢後立即聯絡您。」

隔天早上，客人客訴說「根本沒有人聯絡我」，演變成了一場糾紛。

原來在那位客人的公司規定裡，立即回覆指的是要在「十五分鐘內」聯絡。

可是站在另一方的員工對立即的感覺卻是「隔天」。

為了避免產生這樣的糾紛，應該要從一開始就告訴對方**「我會在明天的○點前聯絡您」**。

一旦自己和對方像前面的案例一樣對「理所當然的事」有不同的認知，就會招致對方的誤解，雙方也很快會感覺到壓力。

尤其是在只有文字的溝通上，無法靠臉部表情或聲音的語調、肢體動作、手勢去做表達，時常會發生一廂情願地認定「應該是這個意思吧」的情形。

為了杜絕這種事情，**當你覺得有疑問，心裡懷疑「是這個意思嗎？」的時候，絕對不能偷懶不去確認**。

每個人都活在各自認定這樣是常理的世界中，看的人在收到信的當下，只會用他想解讀的方式去理解。

尤其面對公司外部的人時，請你一定要徹底做好確認的工作。

●養成「提醒」的習慣

最好平時就能養成提醒的習慣。

比方需要長時間開車或在店裡當銷售員的人等等，有的工作沒辦法頻繁地檢查電子郵件。

這種時候如果能在第一次聯絡時先告訴對方：

「我沒辦法馬上看電子郵件，但我一定會在當天晚上前回信。」

會顯得你很親切。我自己在參加從早上進行到傍晚的培訓時，也是只有晚上才能回信，因此我都會先把這件事告訴對方。

只要像這樣在事前做好預告，對方也不會感到不安。

此外，任誰都會有「不小心的時候」。

只要在交期或約好的前一天寄提醒的電子郵件過去，即可防止對方不小心犯下錯誤。

有一次我寄出了內容為「明天就是與貴公司進行討論的日子，請您在14:00後從下方的網址進入會議室」的電子郵件，結果收到了**「感謝您的來信，我之前誤以爲是下午四點（16:00）！」**的回覆。

這種類型的誤會，不管是做出這件事的人還是遇到的人都會覺得很尷尬。

而預告就擁有防止這種困擾發生的效果。

第3章

給予資訊而非給予答案

——「共享」的訣竅

「共享」是能夠讓對方從聽大道理的壓力中獲得解放的體貼。

有一些前輩或主管會因為對方是新人，經驗還不足夠，就在各方面給予過多的干涉。

其實新人或後輩就像我們以前一樣，會自己日漸成長茁壯。

他們明明可以靠自己思考並採取行動，卻被逼著要接受他人的意見，或者是聽別人用命令的語氣告訴他們事情，自然會累積許多的壓力。

老子有句格言是**「授人以魚，不如授人以漁」**。

魚如同正確解答，釣魚方法則像共享資訊，我們不要用自己釣的魚餵飽對方。

即使不是重大的資訊，與同伴共享的意識還是很重要。

比方收到伴手禮時，除了向對方表達感謝之外，你也可以試著與周圍的人共享對方的好意。

只要在現場說出**「我收到○○先生給的伴手禮了」**，讓周遭的人注意到這件事，就能把對方的好意散播出去。

請你務必要把這樣的共享意識學起來。

共享❶

面對建議，回答「我之後會再想想」

不會傷害到任何一方，也不會惹人厭，讓我們學會巧妙的表達方式吧。

比大道理更重要的事

你是不是也曾經為了喜歡給人建議的前輩而感到困擾呢？

我有過好幾次這樣的經驗。

能夠獲得恰到好處且正確的建議當然是令人感激的一件事。

但「你一定要……」、「你絕對要……」這樣的話聽多了，感激的心情也會漸漸變淡。

最後要如何活用那些建議，**決定權都在接受建議的當事人手上**。當你站在接受建議的立場，應該就能理解比起大道理說個不停，共享想法的心態會是更合適的選擇。

是個接受建議的人會表達感謝，雙方同時也能互相尊重的概念。

喜歡給建議的人沒有惡意，他們就是一般常說的「好管閒事」的人。

不過要是做得太過火會跨越對方的高牆，因此關鍵在於知道何時該收手。

●感謝「對方願意教你」

假如有好管閒事的前輩出現，請你表達感謝再加上告訴對方「我想自己思考」。

「謝謝你讓我知道我自己沒有注意到的事。**後續爲了我的成長，我想要試著自己思考。**」

只要你在適合讓建議告一段落的地方說出這樣的話，不僅能夠滿足對方「我是在為你著想」的心情，還能在彼此都覺得愉快的氣氛下擺脫對方。

這樣的經驗在你變成給建議的立場時，也可以拿來作為參考。

先不管建議的內容是什麼，感謝對方願意教導你是一種體貼的表現。

好的電子郵件寫法

謝謝您寫了一封給我建議的信。
我反覆閱讀的同時，發現全都是我沒有注意到的事情。
我會參考您給的意見，回顧自己的行動，讓自己有所成長。
如果之後有遇到什麼問題，我會再去請教您。
之後也請您多多關照。

根據內容向對方寄來的信表達感謝。

即使是別人用電子郵件給的建議，也請你要像上一頁那樣做出回覆。回覆時不需要提到對方教你的內容。

只需要針對「對方寄了信來」、「對方給予指教」的事實表達感謝的態度就足夠了。

如果你其實不懂對方的意思，卻做出太好的反應，對方說不定又會寄同樣長篇大論的電子郵件來。

為避免事情演變成那樣，請你要保持一定的距離感，回一封強度剛好的電子郵件。

共享❷

反饋要盡可能「簡短有力」

不要滔滔不絕，而是果斷乾脆地告訴對方。

●「反饋的品質」即是「工作的品質」

前面我們透過接受建議的立場，學到了共享是舒服的感受。接下來我們用你站在給建議那一方的立場來思考看看。

當你的後輩變多，你將會從報告的角色變成接收報告的角色。

除了日報和週報這種定期會有的報告外，像是完成報告或檢討報告等等，你必須要看的報告也會增加。

原則上所有報告和來自主管的反饋（Feedback）會是一組的，因此**不論對報告還是接收報告的人來說，體貼都是不可或缺的要素**。

「Feed」說起來是「餵食」的意思。

再加上要「Back」給對方，代表反饋（Feedback）帶有**「回贈能成爲對方營養的事物，讓對方工作能做得更好」**的目的。

你是否曾經有過想要回饋對方，卻在時間流逝的過程中覺得「算了」而沒有去做的經驗呢？

「沒有給回饋」也像在傳達「我不關心你」的訊息。

如果用「自己被那麼對待是否會覺得開心」為基準來思考，你應該不喜歡被那樣對待吧？

不要「回答」，而是傳授「方法」

我在進行報告的「寫法指導」時，都會請對方讓我看一下他實際寫的報告，我從中發現了一個法則。

那就是**報告內容的扎實程度與主管反饋的扎實程度形成正比**。報告要有人看才會讓人產生撰寫的意願，反過來說也是一樣。

另一方面，努力想給出詳細回饋的人通常都會記得慰勞對方或說出對方「好的地方」，只不過要是什麼都想提到，有時會塞了過多的內容進去。

好的回饋寫法

去〇〇公司訪問的事，辛苦你了。

你在報告中寫到下次要帶資料去，商品企劃部的鈴木先生手上有最新的資料，請去找他商量看看。

我明白你想教導對方，避免對方失敗的心情，但有些事情還是要實際做了才能理解。

建議你可以只在對方會對別人做出失禮的事情，或者是釀成大錯等「唯獨這點一定要做到！」的地方提出指正。比報告還要長的回饋會讓對方備感壓力，光是閱讀都會造成負擔。

你提出的報告收到什麼樣的反饋會令你覺得開心？

像右圖一樣具備**「慰勞」**、**「簡短」**、**「講述做法」**這三點的組合就能達到很好的效果。

反饋不是準備好答案並交給對方，而是一種共享獲得答案的方法的概念。提供這樣的反饋，即可給予對方提升工作品質的養分。

共享❸

斥責要「適可而止」

當你覺得還需要再做補充時，對對方來說已經是剛好的強度。

下屬隱藏過錯的心態

職權騷擾的觀念已經普及，感覺罵人或被罵的場面也跟著變少了。

據說年輕人不想擔任主管職的理由第一名是「因為要承擔的責任會變重」。

所謂的責任包含了下屬若犯下重大的失誤，必須在提供協助的同時「指導」和「斥責」下屬。

我想很多人在聽完之後會覺得很沉重。

可是為了讓年輕人熟悉工作內容，**必須要有人扮演那樣的角色**。

接下來讓我們來了解只要抓住重點，「斥責」其實是有效的方法。在了解了這一點之後，你將可以先做到跨越自己內心的高牆。

假設有一位主管多次指責你做不好的地方。

如果你在這樣的主管底下成長，工作的目的會變成**「避免惹主管生氣」**，本來只要觀察主管的臉色，不要犯錯就好，你卻會變得**開始想要隱藏失誤**。

另外還有一種主管是會過度在意對方的心情，總是拿以下這些話當作開場白，不願明確地指出錯誤。

「我自己也沒有資格說別人……」

「這雖然是每個人都會遇過的事……」

在這樣的主管底下成長的年輕人不會有真正被罵的感覺，有時還會誤以為犯下的不是什麼大不了的錯。這兩種都不是好的斥責方式。

●控制住「覺得需要再做補充」、「還想再說點什麼」的心情

斥責的目的是讓對方的行動發生變化。

讓對方從發生的事情學到經驗，**能夠採取行動避免下次再犯同樣的過錯**。

只要需要改善的點夠明確，斥責也會變得「簡短」。

有一個心理現象叫做蔡氏效應（Zeigarnik effect），據說相較於已經完成

的事，人會對沒有完成或被中斷的事情有更深刻的記憶。
來自主管或前輩的斥責也是越需要再補充或越短的內容，更容易讓對方放在心上。
「會這樣的原因在於『事前確認做得不夠完善』吧？我希望你能在發現問題時就來找我討論，這樣我也好提供協助。下次就這麼處理吧。」
前後總共十秒鐘，接下來就讓當事人自己去思考避免再犯的對策。
以主管的立場來看，**需要再做一點補充是剛剛好的長度**。
還有就是**斥責過一次後，不要再提到同樣的內容**。
早已改善的事情被人翻舊帳說「之前也發生過吧？」，任誰聽了都不會高興。
「不是啊，我們公司的後輩犯下的錯誤，用簡短的斥責根本罵不完。」

會這樣想的人，原因或許是出在除了當事者以外的層面，比方教育或管理方式也說不一定。

請你用自己聽了不會不舒服的方式斥責別人，並且留意不要跨越對方的高牆。

共享 4

在「關鍵」的日子跟對方說「就是今天了吧？」

讓對方感覺到「我有在被關注……」的適當距離感。

●「若無其事的一句話」就夠了

「今天下午有重要的報告，從早上我就坐立難安、好緊張……」

我想每個人都會遇到像這樣的大日子。

如果你們彼此之間是同事或主管與下屬的關係，應該會知道**「今天是那個人重要的日子」**。

這種時候「只會察言觀色的人」通常會很猶豫，不知道該向對方搭話還是不要管對方會比較好。

我剛開始在瑞可利工作時，要是不知道該怎麼回覆客人，都會去找前輩商量。而那位前輩每次都會記得我必須要聯絡罵過我的客人的日子，然後在那天的早上對我說**「就是今天了吧？」**

前輩的體貼讓我心裡感到非常踏實。

從那之後，我也下意識地記住那樣會讓人開心，當我站到相反的立場時，我也會對別人說「就是今天了吧？」

這是讓我意識到若無其事的一句話就已經足夠體貼的案例之一。

不要說「多餘的話」

像前面提到的例子，就算你在注意到時有想過要向對方搭話，有時也會有所猶豫。

你會這樣應該是因為你認定自己**必須要說些有幫助的話**。心裡想著「我這是在幫對方」而說得太多的人，往往有不小心把自己的經驗講得太詳細的傾向。

假如對方是個新人，這樣的指導或許還說得過去，但如果對方是已經工作兩年以上的同事，理應已經培養好自己思考的能力。

因此你要是教得太過詳細或自顧自地說個不停，反而是扣分的行為。

果然還是停留在只說一句「就是今天了吧？」，然後採取默默關注的態度會是最合適的做法。

如果要舉更極端的例子，也會有說出以下這種話：

「絕對不可以失敗喔。」

「失敗了你就不用回來了。」

給人增加多餘壓力的主管。確實有部分的人會把壓力轉換成動力。可是在現在這個時代，**既然人有被壓力壓垮的可能性，就該避免做出這樣的行爲**。

你簡略地共享解決方案的重點後，剩下的部分要讓當事人去思考，然後再在重要日子的一大早向當事人搭話。

在「關鍵」的日子，只需要簡單一句話就能帶給對方莫大的勇氣。

只要若無其事地提到那件事即可。

共享 5

不要把調查到的資料「全部」告訴對方

好相處的人總是不動聲色，不會做出「賣弄」的行為。

●不動聲色地做好「事前調查」

你去見與工作相關的人之前，應該會先做好「事前調查」吧？

如果是從事業務工作的人，**事前調查到的顧客資訊將會成爲你簽約成功的關鍵之一**。

即使你沒有花大量的時間做調查，稍微提到一些小事也是重要的體貼。

比方電子郵件的地址也是資訊來源之一。

有的企業會讓本人自由決定@符號前面的內容。

假如對方的電子郵件地址是「divareiko1025@〇〇〇.com」，因為有提到「diva（歌手）」，可以想像對方是喜歡唱歌且十月二十五號出生的Reiko小姐。

雖然也有可能不是這樣，但感覺可以用來作為閒聊的話題。

不過就算手上握有資訊，**過度展現「我很了解你喔」的做法會顯得你很**

不識趣。

即使對方一開始表現得很開心，要是你繼續過於頻繁地賣弄資訊，會看起來像在「耍小聰明」。

除此之外也要避免像個知識狂一樣，在談話過程中把只有該公司員工知道的商品資訊或企業資訊拿出來討論。

那種做法在面試的場合或許會加分，但**在日常工作中表現過頭是NG行爲**。

「有件事我很好奇，〇〇小姐妳有在唱歌嗎？妳的星座是天蠍座吧？聽說diva在義大利文裡的原意是指女神。」

對方要是聽到你這段炫耀自己知識的話，應該會覺得有點被嚇到。

● 資訊只需要用在「不知道該說什麼的時候」

即使你帶著資訊去，那終究不過是庫存。

其實我們下個月要在鹿兒島開一間分店。
鹿兒島啊！很棒耶。啊，我記得貴公司在福岡有一家分店？那邊搭新幹線很方便呢～

透露你知道的資訊，呼應對方的話題。

適合在**對方提到相關的話題時**，自然而然地拿出來共享。

又或者是拿來**當作一開始閒聊的話題，還有在雙方陷入沉默不知道該說什麼時使用**也是ＯＫ的。

假設你知道對方的公司在福岡有一間分店。

這時對方主動提起了「我們要在鹿兒島也開一間分店」的話題。

在這樣的場合，你也只要像上圖那樣不經意地提到那個資訊就好。

請不要接著說出「你們在大阪也有分店吧？」、「我記得你們預計要錄取一百名應屆畢業生？」等等，把所有調查到的事情全盤托出。

準備好的話題有八成不拿出來也沒關係。

事前調查說穿了只是為了要和眼前的人愉快地談話，請不要把展現自己有所準備當作目的。

●提升閒聊技巧的訣竅

閒聊是展現體貼的一種方式。

工作能力強的人可能有著公事公辦，把該做的事做完就會乾脆地打道回府的性格，但要是再加上閒聊的體貼，我想會變得更加完美。

尤其是在開網路會議時，通常會有段時間在處理分享畫面沒有顯示、連線不穩定等問題，或者是在等待對方人都到齊，容易出現**「讓人想用閒聊來**

填補空白的沉默時間」。

你應該也有過覺得「要是有人說一些適合這個場面的話就太好了」的經驗吧？「閒聊技巧」的重點在於關心對方和與對方有關。

你可以在去見對方前先大致看過以下類型的資料。

- **對方的網站**
- **大公司或知名企業可以看它們播出的廣告**
- **Twitter 等社群網路平台（企業、個人）**
- **搜尋個人的名字（臉部照片、網路文章、研討會紀錄）**

不過就像前面提到的，即使準備了很多話題，也請注意不要接二連三地提到，表現出一副「我很了解你喔」的態度。準備好可能與對方和自己之間有關聯的話題後，只要說出一、兩個就很夠了。

順道一提，像我的本業是教育訓練，所以我習慣在與對方第一次見面之前先看過該公司的徵才網頁或徵才廣告。

上面會寫到組織氣氛（Organizational climate）和想要的人才類型，是絕佳的事前資料。

「我看過貴公司的 Twitter 了，貴公司之後要在美國也開一間分店吧？」

「貴公司春天時將會發售為Z世代量身打造的新商品吧？我看過貴公司的網站了！」

你可以像這樣用兩個左右的閒聊作為開場，請你一定要讓自己擁有能夠從容不迫地閒聊的能力。

共享 6

「具體地」傳達工作的目的

如果不知道「為何而做」會讓人感到不安，根本無法努力。

●那個工作是「純粹的勞動」吧？

無法讓員工養成「報聯商（報告、聯絡、商量）」的習慣。

各位有這樣的煩惱嗎？這是每年都有企業找我諮詢的主題。

我在前面曾提過「放一面鏡子來避免自己露出不高興表情」的方法，但其實還有另一個方法可以讓年輕人養成報聯商的習慣。

那就是**「共享目的」**。

不知道為何而做的工作將會淪為**「純粹的勞動」**。

假設你明天要招待客人來家裡，你會打掃一下房間吧？

你這麼做的目的是因為想要用乾淨的房間迎接客人到來。

相較之下，我在美國時曾請工讀生用吸塵器清潔店內。

他立刻動手去吸地，但我之後去確認，發現地板跟之前沒什麼兩樣。

他使用吸塵器的行為並非是以「清潔乾淨」為目的。

只是因為我叫他去，他才去執行打開吸塵器電源並做出動作的「勞動」

罷了。

報聯商也是同一個道理。

如果員工抱持著「只是因爲被要求而照做」的態度，我想也無法做出有效的報聯商。

●讓目的「視覺化」

想要確立報聯商的工作模式，需要告訴員工工作的目的，並且共享「這麼做誰會開心，不這麼做誰會困擾」的資訊。

否則工作將不會是工作，而一直是一種「勞動」。

能有效「共享目的」的做法是「寫成文件交給對方」，換句話說就是視覺化。

只靠口頭共享，很快會被忘記。

只要能看見終點，人就會動起來。

在讓對方看到的同時用口頭說明，不僅可以加深記憶，若是會議後用即時通訊或電子郵件把檔案傳過去，還能夠保存下來。

視覺化還有另一個好處，那就是**公司內部「沒有意義的習慣」會不見**。

因為以前留下來的習慣而莫名去做的那些事情，也可以透過思考**「這麼做的意義是什麼？」**來避免浪費時間和資源。

下屬或新人向你詢問**「這麼做是爲了什麼？」**的時候，即是可以重新思考是否有必要做那件事的機會。

請從這個角度去看待並處理每天要做的工作吧。

第4章

不要侵犯對方的領域
——「領土」的訣竅

你如果沒有考慮到對方的心情，侵犯到了對方的領域，將會造成對方的壓力。為此你需要具備的體貼是「領土」的概念。

這是用來進一步補強第一部「對方內心的高牆」這個思考方式的體貼。

你用「共享」資訊的態度與對方互動後，之後要怎麼做是對方的領土。

要是有可能會侵犯到對方的領土，你唯一能做的事只有撤退。

比方常常可以聽到領導者煩惱「我很想退休，但我擔心留下來的組員，沒辦法下定決心……」的故事。

這就是乍聽之下很體貼，實際上卻侵犯了組員領土的想法。

原因在於他單方面認定自己要是不在，留下的組員將會無法完成工作。

如果他能夠好好尊重對方，應該可以想到待他確實做完交接工作之後，**是由留下來的人決定未來該怎麼做**。

此外，要是持續侵犯對方的「領土」，將會演變成「造成對方傷害」的局面，因為一時覺得有趣而開某人玩笑或挖苦別人即是一個例子。

這雖然也要考慮到雙方的關係或在什麼場合，但倘若對方是被開玩笑會不高興的人，就不要做這件事。

請你要把對方內心的高牆當作不該侵犯的「領土」來思考。

領土❶

直接說出「覺得好的地方」

能直率地說出「想要誇獎對方的地方」是件很棒的事。

●優秀的人會不小心看到「不好的地方」

曾經有某位企業的領導者來找我諮詢，他說：「我誇獎了組員的服裝，結果卻被吐槽『你那句話是性騷擾喔～』誇獎人還真難……」

他好不容易跨越了自己內心的高牆，卻留下了這樣的回憶，想必之後會很猶豫是否要再開口。

「阿德勒心理學」認為「賦予勇氣」的意義是「賦予人克服各式各樣人際關係困擾的活力」。

在阿德勒心理學中比起「稱讚」，更推薦「賦予勇氣」。

而賦予勇氣的其中一個方法是**「舉出優點」**，指出你覺得對方「做得很好」的行動。

我們或許比較習慣「指出缺點」也說不一定。

我舉個例子，假設有份下屬在一個禮拜前做好的簡報。

他不但有仔細地調查作為根據的資料，還把想要傳達的資訊縮小到淺顯易懂的範圍內，似乎也對可能會問到的問題做足了準備。到了當天，合作對象的反應也很好，但你了解完後發現舉證的部分感覺太過冗長。

這種時候你說不定會想說一句「舉證的解說太冗長了喔」。

會有這樣的情況是因為工作做得越好的人，越容易過度聚焦在後輩或下屬「做不好的地方」，明明有很多「做得很好」的地方，你卻不小心把目光放到了「不好的地方」上。

稱讚過頭會令人無法真心感到開心

因此我希望你能刻意去注意「好的地方」，為了做到這一點，請你記得要「舉出優點」而非「指出缺點」。

會說出「根本找不到哪裡有好的地方」這種話的人，往往是想找出他人明顯比別人優秀非常多的地方。

所謂「好的地方」不是這個意思，而是把對方**「做出的行動」**或**「以前雖然做不到，現在可以做得到的行動」**說出來。

以剛才的簡報為例。

你只要提到對方做出的行動就可以了，像是「那個數據的效果很好呢」，或是「針對問題給出的回答很明確」。

即使你在心裡這麼想，也要說出口對方才會知道，這是眾所皆知的道理。你說出的那些「好的地方」，勢必會成為對方「下次也要努力」的動力。

只不過我這麼說之後，難免會有些人做得太過火。也就是超過舉出優點的程度，**變成「過度誇獎」的人**。

「太厲害了！完美！超棒！」

「我就知道你絕對可以做到！」

對方聽完這種誇張的吹捧後，儘管能夠明白「你是想要誇獎他」，也無法真心感到開心。這毫無疑問是侵入對方領土的行為，沒有必要展現會讓雙方覺得疲憊的體貼。

你只需要把對方自然做出的「好的行為」說出來，這樣就足夠了。

領土❷

訓話前要先聽「對方的理由」

重話請等讓對方放下內心的重擔後再開始説。

●「討厭聽到的話」前三名

在為公司內部教育訓練人員舉辦的培訓課程一開場，我會請每個人一一發表「自己被前輩那麼對待會覺得開心的事」以及「被那麼對待會覺得討厭的事」。

被那麼對待會覺得討厭的事之中，最多人提到的是「單方面挨罵」，而大家挨罵時「最討厭聽到的話」前三名如下：

「你爲什麼要做這種事？」

「我之前跟你說過了吧？」

「你到底要什麼時候才能學會？」

前輩會說出這種話，或許是因為沒有處理錯誤或麻煩的餘裕。

但對於被罵的人來說，聽到這些話也只能回答「對不起」，沒辦法得出具有建設性的解決方案。

也有人會像191頁描述的那樣，往前翻過去的舊帳。

那是因為他**先入爲主地認爲「你之前失敗了，難怪你這次也會犯錯」**。

可是這兩件事並沒有因果關聯，這種先入為主的判斷等同於侵犯了對方的領土，對想要成長的人形成阻礙。

「願意傾聽一切」的事實

下屬犯下失誤時，你會不會不禁在腦中冒出以下的想法？

「我就知道。」

「反正他一定還會再犯。」

人們往往會認定**「自己可以透過努力改變，他人卻絕對不會改變」**。

然而就像本書不斷提到的，他人也如同你一樣有內心的高牆。

換句話說，不論是你還是他人都同樣是可以改變的，請你相信這一點。

我們犯錯之後最希望別人對自己做的事，就是「聽你說明事情經過或辯解」不是嗎？

當然你不需要相信對方說的每一句話。

但我想你應該可以在一開始時先傾聽對方，讓他說出想要說的話。

藉由聽取來龍去脈，你不但可以釐清對方做錯的理由，**被傾聽的當事人也會冷靜下來**。

不過要是在聽完對方的說明後，發現是自己指導不力，請你老實地道歉。主管或前輩用正面態度說出的「對不起」，將會成為強化雙方信任關係的契機。

領土❸

投訴信要用「困擾」+「提案」來傳達

只要在清楚説明困擾的同時提供協助就不會有問題。

不帶情緒地「提出投訴」

一旦在組織裡面工作，就難免會遇到必須提出「投訴」的情況。聽的人討厭「批評的話」，但提出的人其實也需要花費很大的力氣。你應該也曾煩惱過**「該怎麼表達比較好呢……」**的經驗。

比方你收到了沒有顧慮到你預定行程的會議召集通知。

你馬上寄出了以下的回信：

「我收到了要我參加下期改善公司環境會議的請求，但由於現在是期末，無法確定之後是否會有時間。這種時候舉辦改善公司環境的會議有意義嗎？在改善公司環境前，請先考慮到員工的狀況。」

提出投訴的目的，是希望對方**「能夠理解我方的苦衷」**。

然而你用這樣的表達方式來寫信，對方在「理解」之前可能會先有負面的感想，像是「這個人好情緒化」或「沒必要把話講得那麼重吧？」

但你其實是希望對方能夠明白你的困擾。

避免「低聲下氣」

像下一頁上方的電子郵件那樣結合「困擾」＋「提案」就會是有效的做法。這樣的電子郵件寫法除了更好「理解」，**還會讓對方對自己沒有顧慮到你的行爲產生「反省」的心情**。

寄出帶有「體貼」的電子郵件，會比較容易得到自己想要的回覆。

不過不要像下方的範例那樣客氣過了頭，**你用不著過度低聲下氣**。

那樣的寫法雖然有提出不滿之處，卻只能算是一封委婉的請求信，對方不會意識到自己「給別人帶來麻煩」，你搞不好還會再收到同樣的通知。

為了守護雙方的領土，請你要清楚地表達「我正在為此感到困擾」。

好的電子郵件寫法

關於此次的改善公司環境會議，請容我婉拒參加。
現在加班的時間變少，年度末的交期又近在眼前，
是連離開座位一小時都有困難的狀況。
不過這是我有興趣的主題，因此我下次會想要參加。
不知道下一期的會議是否能辦在二月？
如果是辦在二月，我會參加的。

不好的電子郵件寫法

謝謝各位這次邀請我參加下期改善公司環境的會議。
我一直很感謝改善委員會秘書處的各位。
雖然非常難以啟齒，但由於目前快到期末，處於很難調整行程的狀況。
難得你們來邀請我，真的是非常抱歉。

領土❹

在邀請信中留下「能夠拒絕的空間」

過於沉重的電子郵件，不會收到對方好的回應。

●「熱情」也要表現得恰到好處

擅長寫邀請信的人都會寫出什麼樣的內文呢？

提出邀請的目的當然是希望對方能夠准許或答應。

只是最終的決定權還是在對方的手裡，不管是多吸引人的邀約，要是行程上無法配合，對方也沒辦法應允，不可能的事情就是不可能。

既然是這樣，**信中如果有「能夠拒絕的空間」，對雙方來說心理上的負擔也會減輕許多**。

然而你是不是常常寄出像這樣的電子郵件呢？

「關於本次演講會的嘉賓，我們秘書處所有同仁一致認同除了佐藤先生外，沒有比您更適任的人選，因此不知道能不能請您幫我們這個忙呢？不論您開出什麼樣的條件都可以再商量。

我現在已經能夠想像到所有參加者臉上的笑容了。詳細內容如下。」

你看完後覺得怎麼樣呢？假如遇到對方時間無法配合，必須要拒絕的情況，如此的熱情將會造成對方的心理負擔。

回信時想必也得花費很大的心力，這樣就變成侵犯到對方的領土了。

●思考如何「創造下一次的機會」

像前面提到的那樣加入「能夠拒絕的空間」，是在工作上寄出邀請信時的體貼。

尤其是**如同在確認狀況的第一次聯絡，只要能讓對方理解大概的資訊就足夠了**。

像下一頁的文章不僅能快速確認重點，即使對方要拒絕也不會有太大的負擔。

好的電子郵件寫法

第一次聯絡您。

我是「運動會 NIPPON2023」秘書處的川原。

我今天聯絡您，是因為想要邀請有多年參加國外競賽經驗的您以嘉賓身分在本次活動中發表演講。

「運動會 NIPPON2023」的目的是讓國外觀光客在享受日本運動會的同時，與日本的大學生進行交流。

【運動會 NIPPON2023】

地點：ABC 巨蛋 會場 A

時間：二〇二三年六月三號星期六 10:00 ～ 15:00

不知您是否能先告訴我您有沒有興趣擔任嘉賓？

若您願意，我想當面跟您說明。

我會靜候您的回信。

麻煩您了。

這樣一來就算這次的時間無法配合，對方下次答應邀約的可能性還是變高了。**至於表達熱情的部分，請保留到下次見時再展現吧。**

●「被拜託」是件令人高興的事

前面在信中雖然留下了「能夠拒絕的空間」，但要是對方能欣然接受，自然是再好不過。

我接下來要談的是能夠促使對方接受的體貼。

這個世界上也有不擅長拜託別人事情的人，這樣的人大概是不想造成對方的負擔吧？

只不過**主管或前輩聽到「懇請你幫忙一件事」時，大多數的人都會感到開心**。就算他們很忙，如果他們的自尊心能因為被拜託而得到滿足，很可能也會覺得「不是什麼壞事」。

好的電子郵件寫法

> 我有件事想要拜託妳，我想請妳代替我出席明天的領導者會議。
> 由於合作對象臨時找我過去，我沒辦法出席會議。
> 明天要發表的專案是 ※，〇〇小姐妳也是組員之一，再加上我看過妳平時在小組會議發表時穩健的台風，所以才會想要來拜託妳。
> 可以請妳幫我這個忙嗎？

拜託別人時最重要的體貼是「清楚說明要拜託對方的理由」。

比方被拜託處理雜事時，即使拜託你的人說出**「因爲你一定做得到、你一定行」這種不明所以的理由，你應該也只有一種被迫答應的感覺**。

我希望你能仔細觀察對方，盡可能地用具體的方式好好表達你在想的事情。

請你看向上面的邀請信。一

旦對方請你幫忙的理由變得這麼明確，你也會萌生出「好，我會盡力幫忙！」的心情吧？

要是沒有這麼明確的理由，又或者是對方已經拒絕卻糾纏不休，就會演變成侵犯到對方的領土。

請你要學會寫出讓雙方都可以乾脆接受或拒絕的文章。

領土❺

拒絕信要從「結論」開始寫起

就算在最後才提，拒絕的事實也不會憑空消失。

●「清楚說明」是種體貼

前一篇提到邀請信的體貼是留有「能夠拒絕的空間」，這次我們換站在相反的立場，來聊聊拒絕信的體貼。

我們不擅長拒絕。

因為我們對難得開口提出邀請的人懷抱著——

「不想讓他失望」、「不想被討厭」的想法。

可是請你換站在邀請者的立場來思考看看。

假如對方無法做到，其實早點明說「沒辦法答應」比較能讓事情快速進展到下一步不是嗎？

這樣遠比起回答得不好以至於留下可能性，又或者是為了花時間寫拒絕文而延後回答來得親切多了。

問題在於說明自己「沒辦法答應」的方法。

太過顧慮對方感受的人容易進入瘋狂道歉的模式，寫出長篇大論。

我以前在客服的第一線工作時，曾經因為對沒有很生氣的客人說太多道歉的話而被罵「妳這樣弄得好像我在欺負妳一樣」。

我被罵之後又繼續道歉，掉入了惡性循環之中。

那時我做得太過火，侵犯了對方的領土……

不要把結論擺在「最後」

這時要提到的就是拒絕信的「體貼」。

拒絕信要像左圖一樣，依照**「結論↓理由↓道歉↓替代方案」**的順序來寫。

對方最想要知道的事情是「你可以或不可以」。

因此先回答「關於您這次的委託，我很遺憾敝公司無法承接」，從「沒辦法答應」的這個結論寫起會比較親切。

溫柔的人往往會不自覺地在開頭寫很多理由或想法，把結論擺到了最後。

好的電子郵件寫法

（結論）

關於您這次的委託，我很遺憾敝公司無法承接。

（理由）

理由是最近因為受到天氣不佳的影響，來不及補貨，很難在您希望的時間前交貨。

（道歉）

您都特別來詢問了，我卻幫不上忙，真的是非常抱歉。

（替代方案）

因此我有一個提案，我聽說我的合作對象A公司是專門在做這個的，如果您願意，我可以幫您牽線，不知您覺得如何？

我懂你的心情，但這種時候請先尊重對方，從結論開始說明起。
只要後續提到的理由很明確，對方也會接受事實。
此外藉由附上替代方案，也能夠讓對方感受到你想做點什麼的心情。
在你苦惱「要怎麼拒絕才好……」之前，請務必要依照這個架構試著寫寫看。

領土❻

對電子郵件的「閒聊」有所反應

即使是工作上的電子郵件，請你也要讓它有溫度。

電子郵件的寫法也有「類型」之分

你都會怎麼回應電子郵件裡的閒聊呢？

假設後輩寄給你寫有以下內容的電子郵件，你會怎麼回信？

「謝謝你前幾天請我吃午餐，光是你願意帶我去喜歡的餐廳，我就感到非常高興。你剛進公司時犯錯的小故事也很有參考價值。」

請你稍微思考看看。

這段內容中有出現一個判斷基準，你知道**「社交風格（Social style）」**嗎？所謂的社交風格，是美國的工商心理學者大衛・梅里爾（David Merrill）所提倡的溝通理論。

他把人的溝通風格以「情緒外放程度」和「堅持己見程度」兩個軸分成四個種類，分別是：

- **Driver（行動派）**
- **Analytical（思考派）**
- **Expressive（感覺派）**
- **Amiable（協調派）**

人的社交風格被分成這四種類型，並運用在針對業務或客服開設的培訓課程中。

只要知道自己的類型，再了解顧客的類型，就能流暢地應對，要**避開因爲溝通方式不同而帶來不必要壓力的情況也會變得比較容易**。

不同類型寫出來的電子郵件也會各有特色。

不同類型的「認知落差」

像前面那封電子郵件內文那樣有寫到「高興」這類情緒表現的人，有很高的機率會是 Expressive（感覺派）或 Amiable（協調派）。

不過後輩寄來的這種電子郵件，有不少前輩不會回信。

這些不回信的前輩很可能是「Driver（行動派）」或「Analytical（思考派）」。

而沒收到回信的後輩大概正懊惱地想著「我那樣搞不好很失禮……」

另外也有因為對方很有禮貌，而想要禮貌地回覆，結果做得太過火的人。

「下次再一起去吃飯吧！下次吃義大利菜怎麼樣？其實有一家新開的店……」

像這樣回了一封內容比對方還要長的信。

這樣往往會演變成看完信的新人又回信來的麻煩循環。

不管做任何事都要適可而止。

「我的經驗能讓你作爲參考眞是太好了。」

像這個長度的簡短回應就不會造成對方的負擔。

讀到這裡，應該會有人覺得「需要連這麼小的地方都顧慮到嗎？」

可是我認為在面對面互動變少的現代，為了尊重對方，比以前花更多心思給予「反應」是基本的體貼。

● 嘗試寫些「與工作無關的事」

接下來要介紹的案例，是你主動提出的閒聊變成讓對方覺得感激的體貼。

「與公司的人互動都是用『即時通訊』，線上會議也『只是用聽的』，回過神來發現今天唯一說過的話是在便利商店說『我要用 Paypay 付款』。」

我一位獨自生活的友人用這段話來形容他的遠端工作生活。
這時他收到了一封電子郵件，開頭是與工作無關的一句話：
「我被今天早上下的雨嚇了一跳呢，你那邊還好嗎？」
聽說他甚至高興到開始感謝下雨。

就像左圖那樣，工作起來很有效率的人，電子郵件通常也寫得很簡潔。
只是如果你身在以遠端工作為主的職場，請你試著稍微在寫電子郵件時增添「閒聊感」。

雖然我這麼說，但也只要做到**多加一句「輕鬆的」話就好**。
建議你可以把這句話放在電子郵件的開頭或結尾，就和你在會議剛進場和離開時會閒聊是同樣的邏輯。
然後再加上「謝謝」，讀完會留有溫柔的餘韻。
只要不是緊急或重要的電子郵件，我想不會有人討厭多短短「一句話」。
這樣的體貼也有助於你向對方表達尊重。

不好的電子郵件寫法

辛苦了。

你上週拜訪的○○公司下了兩筆訂單，我把它轉寄給你。

我已發送關於這兩筆訂單的會議邀請給你，後續麻煩你了。

第5章

被記住的安心感

——「記憶」的訣竅

「記憶」這個方法是能夠讓對方從名為孤獨感的壓力中獲得解放的體貼。

前一章尊重對方的「領土」指的**並非「置之不理」**。展現適度的體貼讓對方感受到「你有在注意我」、「你記得我」，將能夠減少對方的壓力。

不過這章要談的不是如何「讓記憶力變好」，只需要把你在進行過的對話、之後要說的話、每天發生的事當中「注意到的事」記錄到手機裡即可。

不管是誰應該都會在發現後輩或下屬新的一面或有所成長的瞬間感到驚訝，只是在忙得不可開交的日常中，我們常常會不小心忘記這些事。

會被說「那個人有仔細在觀察組員」的人，其實都是趁自己還記得的時候留下記錄的。

工作能力很好的人在做組員日報之類的記錄時，甚至連組員大概幾點來公司上班，以及他在會議空檔的閒聊中聽說了後輩或下屬關心什麼事都會記錄下來。

如此一來就能注意到組員「日報的文章變短」、「變成快遲到才進公司」等微小的變化，可以盡早做出應對。

除此之外，**留下「好的記憶」**對對方來說，也能幫助他擺脫孤獨感。

我們常說「只要結果好就一切都好」，我要在最後傳授適合放在最終章的體貼訣竅——「記憶」，讓我們一起把本書做一個總結吧。

記憶❶

了解是誰在做那些「瑣碎的工作」

你之所以能理所當然地把工作做好，
是因為有人在支持你。

●變得能夠注意到「微小差異」的方法

當你變得能夠跨越一道又一道「體貼的高牆」後，通常也會變得能夠注意到與平時不同的微小差異。

「**○○先生從一大早就看起來病懨懨的**（他平常來上班時明明是最有精神的）。」

「**會議的氣氛變沉重了**（大家在上禮拜之前明明都能提出很多意見）。」

正因為你知道平時的狀態，才能夠捕捉到微小的差異。

在察覺之後你可以開口問對方「你怎麼了？」或者是改變在會議上提問的方式。

在此我要問一個問題。

你知道「是誰在補充辦公室的備品」嗎？

你馬上想得起來是誰嗎？你有辦法立刻說出那個人的名字嗎？

你回答得出來嗎？

公司內部還有其他很多瑣碎的工作。

- **是誰在幫觀葉植物澆水？**
- **爲什麼你到公司時百葉窗已經拉起來了？**
- **爲什麼影印用紙都不會用完？**

我以前剛開始當上班族時，也沒有留意過這些事情。

可是有一次我看到其他組員在傍晚的茶水間清洗加濕器，我心裡很是訝異。

我開口向他搭話，他笑著回答我「是我自己想要清理的～」

我這才明白**辦公室得以維持在舒適的狀態，都是因爲有其他組員的好意，**

反省了過去的自己。

●向每天的常態表達「感謝」

在「前言」時我有稍微提到，是否能注意到微小的差異是因人而異。但**對平日的工作環境做到「了解常態」、「掌握誰做了什麼」，是每個人都可以做得到的事**。

即使你認為自己每天都看著那個地方，也還是有很多不刻意去注意就不會意識到的事。

然後請你感謝那些維持常態的人，找機會告訴他們**「一直以來謝謝你了，如果有什麼需要幫忙的地方歡迎隨時找我」**。

「讓半徑五公尺內的人覺得幸福很重要」在講的就是這件事，這是我在瑞可利工作時的主管常掛在嘴邊的一句話。

讓對方明白「你有看在眼裡」、「你知道是他」，我想這麼做應該能讓那個人的那一天變得幸福。

記憶❷

對看起來沮喪的人說「可以借我五分鐘嗎？」

如果你在這時猶豫了，對方說不定會離職。

職場中的「孤獨感」

人在工作時，常會有覺得沮喪的時候。

比方原本感覺會進行得很順利的案子以失敗收場，或者是在開會時遭到主管的批評等等……**尤其是剛進公司的員工或資歷尚淺的同事，可能很常會遇到不順遂的事**。

這是某位年輕領導者的故事。

他在幹部也會出席的會議中，提出了與改善組織有關的提案，他不但事前有和直屬主管共享資訊，為了避免被駁斥，他也做足了蒐證的準備。

然而最終的結果是參加會議的所有人都表示「反對」。

他露出一副明顯非常失落的模樣，離開了現場。

聽說在那之後他也沒有收到主管的回饋，在職場中為強烈的孤獨感所苦。

像這樣的事情，我在很多職場都聽說過類似的故事。

再說只要大家在同一個辦公室工作，就有機會看到某人明顯很沮喪的場面。

這種時候你會怎麼做呢？

像前面提到的那個例子，你不覺得重要的是會議結束後來自主管的支持嗎？

又或者如果有同事願意和他說說話，說不定也能解除他孤立的狀態。

當然，如果對方是自尊心很高的人，讓他一個人靜一靜或許也是一種體貼。

不過要是沒有找機會適當地關心他，**有很多案例會一直悶悶不樂下去，最後讓事情朝離職的方向發展**。

●「稍微關心」即可令人感到安心

我雖然提出要找對方說說話，但只要在會議結束後問對方：

「可以借我五分鐘嗎？」

關心他的狀況就好。

假如你是他的主管，給予支持理應也是工作的一部分。

就算你不是他直屬的主管，既然大家是在同一個職場工作的同事，我想有時也會遇到即使被認為是多管閒事，仍有必要安慰對方的時候。

倘若對方在聽完後表示「我現在有點忙……」、「我沒事喔」，那可能先讓他自己安靜待著會比較好。

如果你已經跨越了自己內心的高牆，剩下就是對方內心的高牆的問題了。

你只需要在留下一句「歡迎隨時來找我聊聊」後離開現場即可。

只要你有好好觀察對方的狀況並釋出「我在擔心你」的訊息，便能為對方帶來安心感。

請你試著當機立斷地展現能令對方感覺到安心的體貼。

記憶❸

在本人「不在現場時」誇獎對方

積極地分享他人的優點吧。

●「誇獎的時機」很難選

我在前面曾提過關於「舉出優點」的話題。也就是把對方「做出的行動」或「以前雖然做不到，現在可以做得到的行動」說出來。

只是經常會遇到當你心想「好，我要來舉出優點嘍」的時候，當事人已經離開了。一旦錯過時機，誇獎人的難度也會跟著提升。

不過請你放心。

你都準備要跨越自己內心的高牆了，**只要趁還記得時記錄下來，就能在下一個適合舉出優點的時機回想起來**。

我有一位過去在大公司的海外分店當分店長的顧問前輩，這位前輩是個能若無其事對他人展現成熟體貼的人，不論是哪個世代，從年輕人到資深員工都很仰慕他，他是我引以為傲的前輩。

我從那位前輩身上學到了一個方法，那就是——

「悄聲說給別人聽」這個方法。

「誇獎的話」會傳開來

請你試想自己被誇獎時的情境。

直接被人當面誇獎「你剛才報告得真好」當然很令人開心，但也會覺得有點害羞，不知道該回答什麼吧？

那如果是被間接地誇獎，比方：

「〇〇先生誇獎了你，說『你剛才報告得眞好』。」

你有什麼感覺呢？

這樣的情況不僅不會害羞，開心的感覺也加倍了對吧？

比起直接當面聽到，「自己的事在某個地方變成了話題」，自尊心應該更能得到滿足。

傳回來的讚美令人開心。

沒錯，你在某個地方悄聲誇獎別人給某人聽後，會輾轉傳回不在現場的當事人耳裡。

誇獎人的人也會在他人心中留下**「總是會注意到別人表現好的地方」**的好印象。當然，為了達成這個目的而誇獎別人是耍小聰明的行為，但你如果發現了別人表現好的地方，請你試著積極地悄聲說給其他人聽。

不過就算當事人不在現場，請你也不要天花亂墜地使勁誇獎。

畢竟不知道會不會有人心生嫉妒。

像是「只是脫口說出一句話」這樣的強度就剛剛好，也比較好被記住。

記憶❹

即使發生狀況，也要用「不過真是太好了呢」收尾

不論是多糟糕的過去，之後回想起來都會成為好的回憶。

●客訴危機是「大好機會」

我至今為止見過許多煩惱要如何給後輩或下屬「建議」的前輩或主管。

我希望能讓這些人了解一個思考方式。

那就是我在處理客訴的第一線工作時所得知，用來說明提出客訴與回購率相關性的**「古德曼法則」**（©顧客忠誠度協會）。

古德曼法則有三條，我第一個要提到的法則如下。

「感到不滿的顧客中，提出客訴並滿意處理結果的顧客決定回購該商品服務的機率，遠比感到不滿卻沒有提出客訴的顧客來得高。」

如果要用具體的例子來說明，商品價值一萬元以上且客訴後獲得快速解決的顧客回購率是「82％」，沒有提出客訴的人回購率是「9％」。

看到這些數字讓我明白客訴是**「能夠重建信任的機會」**，換句話說就是

「顧客願意說出來眞是太好了」。

在最後要轉為積極正向

年輕人一旦犯錯，有時會讓人想追究原因並嚴厲地指出問題。

可是最後絕對不可以用「下次不要再犯同樣的錯了」來做結尾。

除此之外，溫柔的人常會對別人說「你不要放在心上」，這句話也是乍聽之下會讓對方覺得像被拯救，但對方要是當真了，將會起到反效果的一句話。

那如果想要講些嚴肅的事情，卻希望能留下積極的情緒，要怎麼表達才好呢？請你在建議的最後加上這樣的話：

「只要現在先經歷過失敗，就能制定好旺季時的對策，我覺得是件好事。」

「能夠在初期就先去向對方道歉真是太好了。」

「因為這次的機會而明白是場誤會，應該覺得太好了才對。」

就算只有一點點，也**請你把焦點放在「正因爲失敗了才能獲得的經驗」，並且把它提出來**。

「太好了」這句話具有把失敗的過去變成美好回憶的力量。

「處理客訴」也是相同的道理。

即使對方說出非常不可理喻的話，你只需要理解「對方當下是這麼想的」，暫時先把正確與否的判斷放到一邊。

不管是有多生氣的顧客，只要等到他冷靜下來且表示願意原諒，你就要把道歉換成道謝。

因為比起有人不斷地向自己道歉，任何人都是被感謝會比較開心。

「○○先生／小姐，最後我要跟您說，眞的非常感謝您今日的來電。」

用感謝做最後的收尾，原本的客訴電話也會在掛斷時變成「我做了件好事」的溫暖回憶。

記憶 5

越小的承諾越要「遵守到底」

對方其實不會那麼容易忘記。

不要把「簡單的文件」往後延

你是否時常會太過輕易給出「小承諾」呢？

「我有本不錯的書，下次帶來給你。」
「下次有機會再約你喔。」
「等事情告一段落，也約〇〇先生去吃飯吧。」

「下次」是一句非常好用的話。

我感覺有很多人像在說口頭禪一樣，動不動就會提到它。

你有多常眞的去執行說好的「下次」呢？

如果是工作交期或約定好要見面的時間等等，這些大的承諾我們絕對會遵守諾言。

然而不緊急的工作或者是在閒聊時給出的小承諾，優先順序卻會一直被往後延。

以繳交文件為例，負責統整的人每天都要確認文件繳交的狀況，如果有不遵守交期的人，還會害他要多做催繳的工作。

既然是簡單的文件，請不要延後，在當天就把它交出去。遵守交期是減輕負責人壓力和幫他節省時間的體貼。

「小小的背叛」或許會傷到某個人

就像我前面提到的，「下次一起去吃午餐吧」這句話已經變得像是我們的習慣用語，彷彿在說「辛苦了」一樣。

只是**說的人雖然會忘記，聽的人卻意外地會記得**。

尤其是年輕人很有可能會真的相信。

實際上確實也有相信了那句話，在內心煩惱「我很期待他來邀請我，可是他都沒來約我，我或許被他討厭了也說不定……」的新員工。

之前跟你約好要吃午餐，什麼時候方便？
太感謝了！

你要是願意遵守小承諾，對方會很開心。

開口說出那句話的人通常會認為**「算了，對方大概忘記這件事了吧」，往有利於自己的方向思考。**

對年輕人來說，前輩約他吃午餐是很特別的事，隨便對別人開這個口，有時會演變成小小的背叛行為。

人其實不會那麼簡單就忘記一件事。

請你把像這樣的「小承諾」記在手機裡，並且找機會實踐諾言。

一旦留下了「那個人只會說說」的印象，便很難再抹去。

展現「正因為是小承諾，更要遵守到底」的態度，是每個人在職場上都能做到的事。

首先，**請你一一想起那些曾對他說過「下次一起吃午餐」的人，眞的再次向他們提出邀約吧**。

這麼做肯定能讓他們產生「原來他還記得啊！」的安心感。

記憶❻

一定要在下次見面時提到「用電子郵件拒絕的事」

請你改掉「我已經用電子郵件提過了，應該沒關係吧」這種便宜行事的想法。

●「拒絕後」可以做的事

本書介紹了好幾種電子郵件的範例。

如今各種工作上的互動，應該都是以電子郵件為主。

就像我之前提到的，邀請或拒絕的電子郵件都需要特別花費心思處理。

我想你在寫的時候已經留意遣詞用句了，我接下來要介紹的是另一個與「記憶有關」且很重要的體貼。

我認識的人之中，有一位在金融機構擔任窗口的「體貼女神」。

我從她說的話中學到很多東西，像是「我雖然只能帶給一個人一生的幸福，但卻可以帶給很多人一瞬間的幸福」。

其中還有一句話是：

「你要記住拒絕過的客人長相。」

金融機構的打烊時間是下午三點，因此也會有在打烊後才來的客人，那種時候她就必須要拒絕接待那位客人。

據說等到那位客人在隔天之後來店，她會告訴對方以下這句話：

「之前真是不好意思。」

從對方的角度來看，上次被拒絕的回憶將會被「她居然記得我」的開心記憶覆蓋掉，更重要的是對方一定很驚訝她還記得自己。

必須自己主動提起才有意義

說完她的案例之後，可能會有人想要回我「能夠記住只有一面之緣的人的長相根本是特殊能力」。

這或許也是一種看法。

不過我們還是可以從這個故事學到每個人都能做得到的事。

我們平時在工作中都會做到「拒絕」這件事，尤其是在透過電子郵件回覆委託或邀請時，一般都會遇到需要拒絕的情況。

你在公司外面見到那個人時，會自己主動說出以下這些話嗎？

「前陣子拒絕了你，眞是對不起。」

「很抱歉沒有辦法幫上忙，如果還有什麼需要請再跟我說。」

即使拒絕的人不記得，被拒絕的人也絕對會記得。

話雖如此，你要是讓對方先說出以下這句話就ＮＧ了。

「前陣子突然提出邀約，真是不好意思……」

對方之前都跨越了內心的高牆，寄出邀請信給你。

這次換你主動開口吧。

請你把拒絕過的事記錄在手機裡，下次見到面時一定要自己先提起這個話題，這樣拒絕就會被替換成好印象，你下次也比較容易接收到邀約。

記憶 7

維持「細水長流」的關係

沒有人能夠預測緣分會帶來什麼。

●「熱情業務」的前後落差

終於來到本書最後的體貼訣竅了。

其實要說前面的內容都與這一個訣竅有關也不為過。

我之所以會這麼說，是因為就像我在「前言」所提到的，我一路寫到這裡，都是假設要寫給那些因為做事公事公辦而陷入僵局，又或者是不知道為什麼總是缺乏機會的人看。

公事公辦的人容易用「只是工作上的關係」去看待同事或與合作對象有關的人。

宛如在反映這件事一樣，我為業務開設的培訓課程最常聽到的客訴就是——**「契約一成立，人就不見蹤影了。」**

在契約成立之前，業務都會帶著伴手禮勤快地拜訪，在使盡各種手段的同時熱情地經營關係。

若是業務在知道「已經沒問題」後突然沒有了聯絡，客戶一般都會感到非常不適應。完全是所謂過河拆橋的狀態。

你覺得體貼的目的是為了獲得這種「顯而易見的回報」嗎？

我認為不是。

如果是從前面看到這裡的讀者們，我想你們也會同意我的說法。

從客戶的角度來看，重要的應該是契約簽完後商品或服務的使用狀況。

如果你在最後留下了只是工作關係的印象，對方以後也不會對你抱有以下的想法。

「把那個人介紹給別人吧。」

「交給那個人就能放心了。」

在這個社會上，什麼事情未來會帶來什麼影響，我們真的不知道。

沒有特別的事也要聯絡

我希望你能記住這句話：

「Keep in touch.（保持聯絡）」

我住在美國時，在與人道別的情景常會聽到「Keep in touch.」，我也用像在說「再見～」的感覺來使用它，不過這句話的背後隱藏了在體貼這件事上很重要的意義。

假如你每天要跑業務會忘記，那就乾脆把聯絡的時間列入行程表吧。**請你每三個月瀏覽一次顧客清單，回想過去見過的人的長相。**然後如果有想知道的事情，請你像以下這樣寄一封簡短的電子郵件給對方。

「您收到之後，用起來的感覺如何？」

「我想知道您的狀況，於是聯絡了您。」

這是我想傳授的最後一個跨越內心高牆的方法。

有的多慮的人會想說「沒有什麼大事還聯絡對方，不會造成對方的困擾嗎？」

但我相信從前面的內容看到這裡的你一定可以做得到。

正因爲沒有特別的話題卻聯絡，才能讓對方確切地感受到「自己被關心」也是一種看待這件事的觀點。

實際上，在美國一份調查顧客離開理由的數據中，位居第一的就是「漠不關心」。

話雖如此，如果是類似私訊那種傳給所有人同樣訊息的內容，就沒有必要傳給對方。

你只需要直接傳達對那個人產生的想法即可。

相信大好機會和好運會降臨在跨越那道高牆的你身上。

「Keep in touch.」的關係就是要細水長流才剛剛好。

結語

有很多人會分享他們去亞洲海外旅行時「曾被當地人親切對待」的經驗，我以前去台灣時，也曾在機場或餐廳等地方三番兩次地受到當地人的幫助。

在異國獲得幫助真的令人很感激，會讓人帶著高昂的鬥志回國，心想「之後要是在日本遇到有困難的外國觀光客，我也要向他們搭話！」然而真的要實行時，卻發現難度其實很高。

我覺得在工作上的人際關係好像也是這樣。

那些注意到卻無法跨越自己內心高牆的人的共通點——

就是都有「過去被對方冷淡地拒絕」、「因為多管閒事而反過來被罵」的經驗。我對有過那些經驗的人提出了以下的問題。

「所以你被冷淡地拒絕了幾次？」

「你最後一次因為多管閒事被罵是什麼時候的事？」

緊接著，我得到了「一次而已」、「至少兩年前吧」的回答。

這種把只有發生過一次的例子套用在所有事情上，認為「每次都會那樣」、「應該會再發生一樣的事」的思考習慣，在心理學上稱之為「以偏概全（Overgeneralization）」。

我從美國回來且剛開始在日本企業工作時，我曾經因為向公司內所有對到眼的員工微笑和點頭而被前輩警告。

那是我過去十三年半以來習以為常的舉動，所以會在不知不覺中那麼做，但有人告訴我「妳那樣會讓對方誤會，這裡可不是美國」之後，我開始警惕自己。

可是現在回想起來，感覺我「以偏概全」了，我把只有一個人對我說過的話，解讀成彷彿大家都這麼說一樣。

我想現在的我就算聽到那樣的話，也能夠用「自己被那麼對待會覺得開心」的基準來做判斷。

如果你也有同樣的經驗，變得很猶豫是否要展現體貼，我希望你能再次依照自己的想法來改變自己。

除此之外，應該也有人是在認為「不需要體貼」的遲鈍主管底下成長的，在那樣的環境中，可能很少體會到主管對你做了什麼後，讓你覺得開心的經驗。不過只要把眼光向外看，可以學習的事情就會多到數不清。

我曾在每個月都會舉辦的領導者培訓課程中，請學員把「接觸外面的服務後覺得開心的經驗」做成報告。

平時看起來與體貼無緣的領導者們一旦站在客人的立場，便詳細地寫出了「那家居酒屋的老闆娘的體貼令人讚賞！」、「家電大賣場店員對客人的服務讓我很感動」等等的報告。

觀察到這些的大家其實都擁有看見「體貼」的感性，是「懂得察言觀色的人」。

我在那場培訓課程要傳達的是「請把那些開心的經驗記錄下來」。

又或者你也可以把「希望主管或同事對你做的事」記錄下來。

你不曾有過的經驗，也能夠對你展現體貼有所幫助，你要把沒有經歷過的事情理解為「我不做也沒差」，還是反過來認知到「正因為沒有經歷過，才要由我自身做起」，全都是你「自己的課題」。

我在撰寫本書時，採訪了我身邊很多優秀的領導者並獲得了他們的協助，他們是一群年紀主要落在快三十歲到四十歲之間，擁有「在最後抓住機會」和「讓別人下次還會把工作交給他」的好運的人們。

我透過採訪分析他們好運背後的秘密，找出了三個共通點。

第一點是「與下屬間的信任關係十分穩固」。

他們所有人都是在必要的時候會提供下屬幫助，但為了當事人的成長不會縱容下屬的領導者，有時也會斥責下屬。

可是平時受到他們體貼對待的下屬們都會基於「因為是這個人說的話」而老實地聽進去。

看來一旦建立好信任關係，就連斥責在下屬眼裡也是必要且值得感謝的事。我們可以像這樣藉由展現體貼來改變對方的認知。

我曾經幫某間旅館員工進行了為期一年的「體貼」教育，效果在開始的幾個月後出現，預約網站「服務」的評價上升了，不久之後，「衛浴」和「房間」的評價也接著上升，而且旅館並沒有做任何的修繕。

會這樣是因為旅館透過服務建立了信任關係，客人戴著「來住這真是太好了」的眼鏡在看事情，這樣一來即使是「老舊的浴室或客房」，客人也看得到「很有特色」、「別有一番風情」、「打掃得很徹底」等好的部分。

員工的體貼改變客人的認知並建立了信任關係，體貼就是有這麼大的威力。

第二個共通點是「工作上非常注重細節」。

戴著名為體貼的眼鏡看事情不僅更能看見細節，甚至還會看見工作上以前沒有注意到需要改善或下工夫的點。

以下是上過我課的某個企業業務部門的案例。

我教導他們要配合客人年紀和對商品的知識，來改變說話的速度和用詞。我很快地接到了許多表示有收穫成效的報告，客人都告訴他們「你的說明很好懂，所以我願意簽約」。

其中也不乏變得理解業務該收手的時機，放棄強行推銷的話術後，客人主動聯絡說「我想再聽你說明一次」的例子。

不擅長體貼的人們以週為單位成長，甚至還有很多在三個月後成長為業務部門頂尖業務的個案。

第三個共通點是「體貼成了組織內的風氣」。

我在本書介紹的「向外來訪客搭話」的故事，是我實際在拜訪企業獲得的體驗。領導者有先以身作則，所以不管我什麼時候去拜訪都會有人對我做出同樣的舉動。

所有的文化和風氣都有「第一個開始這麼做的人」。好的公司風氣不可能憑空形成。背後一定有人在帶領。

如果那個人就是你，你不覺得是件很了不起的事嗎？

你實際做了本書介紹的方法，一開始時或許沒有人有反應，但那終究是「對方的課題」，你不需要在意。

你只需要繼續做自己「被那麼對待會覺得開心」的事就好。

「互惠原則（Law of Reciprocity）」是指你起頭的事情，總有一天對方會用同樣的方式返還給你。透過你若無其事地持續執行，將會有越來越多人變得體貼，然後在不久之後形成文化或風氣，我看過很多因此而改變的組織案例。

只要能一直保持體貼，不只可以得到他人的信賴，也會對工作的業績和成果有所幫助，機會和運氣將會造訪這樣的人。

如今已經來到換工作是常態的時代了，即使你是因為上一份工作的經驗而受到器重，舉凡組織特有的系統和做事技巧等等，你還是得從零開始學習那個公司獨有的知識。

可是跨越體貼高牆的能力不論到哪裡都能通用。

就算是在新的職場，你也能在早期就獲得下屬或同事的信任，讓他們成為你強大的夥伴。

請不要努力過了頭，一開始請以六十分為目標。

最後，我在撰寫本書時受到了許多人的幫助。

讓我認識「顧客滿意度」的世界的已故恩師佐藤知恭先生。

NPO法人顧客忠誠度協會的伊藤秀典理事長以及各位理事。

在服飾企業針對約一千五百名銷售員舉辦拆除「服務的內心高牆」的教育訓練，給了我想出「高牆理論」契機的顧客忠誠度協會副理事長高木雄子小姐。

我在瑞可利工作時的主管河合洋先生、山田修司先生。

在決定出版本書的最初給我勇氣的 HUMAN GUILD 代表董事岩井俊憲先生。

教授我傳播資訊有多重要且寫了書腰推薦文的樺澤紫苑醫師。

另外還有對第一次出版書籍的我展現溫暖的體貼，在出版前一直引導我的 DIAMOND 出版社編輯種岡健先生。

我打從心底感謝各位並致上深深的謝意。

川原禮子

參考文獻

- 《一看就懂圖解阿德勒心理學 找回被討厭的勇氣：拋開過去，激發勇氣，人生從此與眾不同的6堂課》（岩井俊憲著，布克文化）
- 《培育人才的阿德勒心理學》（岩井俊憲著，青春出版社）
- 《求同存異，阿德勒職場領導學：團隊夥伴各個不同，照樣帶出績效的勇氣領導》（岩井俊憲著，商周出版）
- 《給予：華頓商學院最啟發人心的一堂課》（亞當．格蘭特著，平安文化）
- 《高敏人的職場放鬆課：給在職場精疲力盡的你，高敏感專業諮商師的42則放鬆處方箋》（武田友紀著，三采）

- 《秒懂過動與自閉的內心世界》（岩瀨利郎著，究竟）
- 《如果你的人生只剩下一年，你會怎麼做？》（小澤竹俊著，Ascom）
- 《你創造的顧客滿意度》（佐藤知恭著，Ascom 日經商務人士文庫）
- 《超越顧客服務的顧客忠誠度》（NPO 法人 顧客忠誠度協會 伊藤秀典著，Takagiyuuko Housing Agency）

國家圖書館出版品預行編目資料

體貼是練出來的：如何比別人更周到，搶先看見大
家的需要？ / 川原禮子著；陳靖涵譯. -- 初版. --
臺北市：平安文化, 2024.4　面；　公分. --（平安
叢書；第 792 種）(溝通句典；64)
譯自：気づかいの壁
ISBN 978-626-7397-31-2（平裝）

1.CST: 人際關係 2.CST: 社交禮儀 3.CST: 生活指導

177.3　　　　　　　　　113003177

平安叢書第 792 種

溝通句典 64

體貼是練出來的

如何比別人更周到，搶先看見大家的需要？

気づかいの壁

KIZUKAI NO KABE
by Reiko Kawahara
Copyright © 2023 Reiko Kawahara
Chinese (in complex character only) translation copyright
© 2024 by PING'S PUBLICATIONS, LTD.
All rights reserved.
Original Japanese language edition published by
Diamond, Inc.
Chinese (in complex character only) translation rights
arranged with Diamond, Inc.
through BARDON-CHINESE MEDIA AGENCY.

作　　者—川原禮子
譯　　者—陳靖涵
發 行 人—平　雲
出版發行—平安文化有限公司
　　　　　台北市敦化北路 120 巷 50 號
　　　　　電話◎ 02-27168888
　　　　　郵撥帳號◎ 18420815 號
　　　　　皇冠出版社 (香港) 有限公司
　　　　　香港銅鑼灣道 180 號百樂商業中心
　　　　　19 字樓 1903 室
　　　　　電話◎ 2529-1778　傳真◎ 2527-0904

總 編 輯—許婷婷
執行主編—平　靜
責任編輯—陳思宇
美術設計—鄭婷之、李偉涵
行銷企劃—鄭雅方
著作完成日期— 2023 年
初版一刷日期— 2024 年 4 月

法律顧問—王惠光律師
有著作權 · 翻印必究
如有破損或裝訂錯誤，請寄回本社更換
讀者服務傳真專線◎ 02-27150507
電腦編號◎ 342064
ISBN◎ 978-626-7397-31-2
Printed in Taiwan
本書定價◎新台幣 360 元 / 港幣 120 元

• 皇冠讀樂網：www.crown.com.tw
• 皇冠 Facebook：www.facebook.com/crownbook
• 皇冠 Instagram：www.instagram.com/crownbook1954
• 皇冠蝦皮商城：shopee.tw/crown_tw